思想品德健康教育书系

人类永恒的颂歌

和兴文化◎编著

U0852309

陕西出版传媒集团
太白文艺出版社

图书在版编目（CIP）数据

人类永恒的颂歌/和兴文化编著 . —西安：太白文艺出版社，2013. 6

（思想品德健康教育书系/刘东主编）

ISBN 978 - 7 - 5513 - 0489 - 4

Ⅰ. ①人… Ⅱ. ①和… Ⅲ. ①品德教育—中国—青年读物②品德教育—中国—少年读物 Ⅳ. ①D432. 62

中国版本图书馆 CIP 数据核字（2013）第 109025 号

思想品德健康教育书系

人类永恒的颂歌

主　　编　刘　东

编　　著　和兴文化

责任编辑　王大伟　李　丹

封面设计　梁　宇

版式设计　刘兴福

出版发行　陕西出版传媒集团

太白文艺出版社

（西安北大街 147 号　710003）

E - mail：tbyx802@ 163. com

tbwyzbb@ 163. com

经　　销　陕西新华发行集团有限责任公司

印　　刷　三河市恒升印装有限公司

开　　本　700 毫米 ×960 毫米　1/16

字　　数　160 千字

印　　张　12

版　　次　2013 年 6 月第 1 版第 1 次印刷

书　　号　ISBN 978 - 7 - 5513 - 0489 - 4

定　　价　25. 80 元

版权所有　翻印必究

如有印装质量问题，可寄印刷厂质量科对换

邮政编码　065200

前 言

品德和才学，到底哪个更重要？这个历来聚讼不已的话题，能否对其有一个正确的认识和回答，不仅是选拔任用人才的着眼点，同时也是我们培养教育青少年的方针大纲。孰为重？孰为轻？如何在我们的教育中贯彻我们认为的重点，同时又能坚持“两点论”和“重点论”的完美谐和的统一，培养出国家和社会需要的优秀的青少年，这是最考验教育工作者的智慧和能力的地方。

宋代著名历史学家、政治家司马光曾经在他的巨著《资治通鉴》中讨论过这个问题。对于二者的关系，他认为：“才者，德之资也；德者，才之帅也。”也就是说，才学是品德的资本，而品德则是才学的统帅。也就是说，有了品德这个居于领导地位的统帅，才学的资本才能正常而且完全地发挥它的价值，给个人、社会和国家带来正面积极的影响。司马光又接着说：“君子挟才以为善，小人挟才以为恶。挟才以为善者，善无不至矣；挟才以为恶者，恶亦无不至矣。”也就是说，才学是一把双刃剑，既可以行善，也未尝不可以作恶。至于到底是行善还是作恶，则完全要看掌握才学的人是品德高尚的君子，还是品德卑下的小人。君子的才学可以用来造福社会和国家，使善行遍布四海；小人的才学也会给社会和国家带来灾难，使邪恶播撒人间。由此可见品德的极端重要性。而品德与才学孰重孰轻的问题，也就不言自明了。

我国古代历来重视品德的教养，教育的思路也从来就是把品德放在比才学更重要的地位，《论语》中就有一句话说：“贤贤易色，事父母能竭其力，事君，能致其身，与朋友交，言而有信。虽曰未学，吾必谓之学矣。”可见古人认为，只要有了尊重贤良、孝敬父母、忠于祖国、待人诚信等等高尚的品德，那么即使没有才学，也仍然是一个堂堂正正的人。当然，我们不是强调品德的重要性，而又走到另一个极端——否认才学的重要性。就像毛泽东同志所说，我们要坚持“两点论”和“重点论”的统一。即在保证品德教育的前提下，掌握的才学越多越充实越好。这样才能为我们的社会和国家做出更多的有益的贡献。

无可回避的是，一直以来，我们的教育都有着重学习轻品德、重知识轻能力、重成绩轻素质的弊端和问题。这或许使得我们的青少年在成长过程中走了弯路，或者会给他们的成长、成材和以后人生的发展带来负面的影响。长此以往，甚至也有可能给我们的社会和国家带来消极的影响。基于这个重大的问题，我们深感责任重大，于是编写了这套丛书，涵盖了我们能设想到的方方面面，希望能在青少年思想品德教育方面，弥补现行学校教育可能存在的缺失，贡献我们一份绵薄之力。

当然，丛书编的究竟如何，最终还是要看它能不能得到广大青少年的喜爱和认可。限于水平，书中不能没有错误，尚请方家指正。同时也欢迎各位读者和广大青少年提出宝贵的意见和建议。

目 录

第三章　爱人者，人恒爱之

第四章　无求生以害仁

第一章　以家为家，以国为国

苟利国家，不求富贵。

——《礼记·儒行》

先有国，后有家——霍去病

霍去病，西汉著名的爱国武将。因为他在反击匈奴的战争中英勇杀敌，屡建奇功，所以被封为骠姚校尉和骠骑将军。

霍去病出生那一年是建元元年（公元前140年），这一年刚好汉武帝即位。这时的西汉政权在经过汉文帝和汉景帝两代的“黄老之治”，国家已经得到空前巩固，国力也日益强大，但是来自北面匈奴的威胁也越来越严重。西汉建国之初，由于要对付国内的反叛势力，因此无暇顾及匈奴，但没想到在短短的几十年间，匈奴发展迅速，还曾派30余万精兵将高祖皇帝困于平城（在今山西大同市东）。西汉朝廷无奈，只好希望通过和亲的方式来停止征战，可是文帝和景帝时期，和亲之约屡被破坏，而匈奴则更加猖狂，他们常常进入西汉境内，烧杀抢掠，边境人民苦不堪言，西汉朝廷更是头疼不已。西汉曾发兵前去征讨，可是他们只能将匈奴逐出边境，不能杀了他们，也不能俘虏他们。到了汉武帝的时候，匈奴仍然不同意和亲，还动不动就入汉境扰民——掳掠边民及其财产，严重地威胁着西北边境一带的安全。这一切让汉武帝忍无可忍，因此汉武帝决定进行大规模的反击。

武帝即位后不久，曾命大将军卫青对匈奴进行连续反击。元朔六年（公元前123年），卫青再次统帅大军，奉命出征。霍去病也在这次出征的队伍当中，这一年他只有18岁。他原是汉武帝的侍卫官，因善于骑射，深受武帝的宠爱，武帝更是任命他为骠姚校尉，命令他跟随卫青出征。受命后，霍去病率领八百精骑，自定襄出发，一路快马加鞭，将其大队伍远远甩于身后，之后他们直插敌后，斩获敌首两千有余，并斩杀匈奴单于的从祖父藉若候产，生擒单于的叔父罗姑比及相国、当户等多名高级将官。初战告捷，霍去病战功居首。武帝非常高兴，于是下诏，封霍去病为冠军侯。

这次反击战，虽取得了巨大的胜利，可是匈奴的势力还是非常强大，而且匈奴也没有因这次的战败而有所收敛，汉武帝认为要让边境安定下来，非得给匈奴更大的打击不可。于是两年后，也就是元狩二年（公元前121年），汉武帝升任霍去病为骠骑将军，率领上万兵马，出陇西，向西挺进，直打过焉耆山（今甘肃中部），深入匈奴腹地千有余里，并斩杀折兰王、卢侯王以下共8900余人，生俘浑邪王子及相国，并收缴了休屠王祭天所用的金人。该年夏，又出北地（在今陕西西南部），越渡居延海，穿过小月氏，直到祁连山，并在张掖一带展开一次强大攻势，得单于单桓、酋涂王及相国、都尉等降者2500人，斩获敌首3万余，并生俘五王、王母、单于阏氏（皇后）、王子59人，及相国、将军、当户、都尉63人。匈奴遭到空前惨重的打击，元气大伤。

此后不久，匈奴单于对浑邪王几次都被西汉军队打败，非常恼怒，有怪罪浑邪王的意思。浑邪王因此非常害怕，便想向西汉朝廷投降。于是，汉武帝又派霍去病前去迎降，霍去病渡过黄河后与浑邪部众相望。这时浑邪王部下有些将领突然变卦，不想降汉，并率领部分人马纷纷逃走。就在这紧急关头，霍去病当机立断，一马当先，奋勇直冲到浑邪王面前，并斩杀那些变卦逃跑的人，终于将局势稳住。之后，霍去病带领着浑邪王和他的部下四万余人，过了黄河，到了长安。汉武帝对于浑邪王的归顺非常高兴，他还封浑邪王为侯，并将浑邪王的部下安置在黄河南岸一带，让他们与当地的西汉子民和睦相处。

虽然遭此惨败，但是匈奴仍不甘心，他们又对定襄一带出兵侵扰。于是，元狩四年（公元前119年），武帝又派霍去病与卫青配合，率精骑5万、从马14万匹，北出代郡，大举讨伐。霍去病随即统率大军，长驱直入两千余里，对匈奴东部地区进行扫荡。在这次战争中，西汉军队斩获、俘虏的敌人有七万余人。为了纪念这次重大的胜利，霍去病在狼居胥山（在今内蒙古五原县西黄河北岸）举行封礼。

从那以后，匈奴远迁，不敢再对西汉边境进行侵扰了。于是，自秦末以来，数十年的边患得以解除，汉朝的国威大振。但霍去病却在胜利班师回朝后不久，即于元狩六年（公元前117年）因暴病突然去世，年仅24岁。武帝得知霍去病英年早逝，悲痛异常，他特命被安置在黄河南岸一带的匈奴人身穿黑甲，组成送葬队伍，把霍去病的灵柩从长安一直护送到自己的墓地——茂陵（在今西安市西北兴平县境），把他安葬在自己的墓旁，并用自然山石，在他的陵墓上堆成祁连山的形状，又在他的墓前雕塑着马踏匈奴的巨型石像，以永远纪念他为国家所建立的不朽功勋。

霍去病总是说先有国，再有家。汉武帝曾经因为他的功勋，为他建造了一所豪华的宅第，并让他去看看，究竟满意不满意。而他却淡然地说："匈奴不灭，无以家为也！"就是这种先有国，后有家的精神，鼓舞着一代又一代的人，为了国家的安全而努力奋斗。

爱国奇士——刘　琨

刘琨，字越石，中山魏昌（今河北无极东北）人，西晋末期的著名诗人、音乐家和爱国将领，东晋初被害身亡。刘琨的远祖是西汉中山靖王刘胜，其祖父曾为相国参军、散骑常侍，其父也在朝中为官。由于家庭环境优越，刘琨从小就受到了良好的教育，才华出众的他，不仅写得一手好文章，而且为人豪爽，喜结交朋友。

西晋末期，西晋皇族的八个皇室亲王为了争夺朝廷大权，互相攻打，一连打了16年，死了30多万人，史称"八王之乱"。刘琨因其姐姐嫁给了司马伦之子司马荂，因此也卷入了"八王之乱"当中。趁着西晋内乱，匈奴王刘渊在并州（今山西东部、河北西部）建立起了自己的政权，史称前赵。刘渊称帝后，带领大批人马，攻占了晋朝许多地方，一直朝晋朝的都城洛阳打过去。与此同时，司马越为了扩张势力，派刘琨出任并州（今山西东部、河北西部）刺史、加振威将军、领护匈奴中郎将。307年春天，刘琨带领着一千多人到了晋阳（今山西太原）。当时，刘渊正忙着攻打洛阳，后方空虚，刘琨趁机攻下了晋阳。

经历战乱后的晋阳，已成了一片废墟，城中老百姓几乎都逃光了，只剩下一些老人和孩子，个个衣衫褴褛，面黄肌瘦。刘琨在左右强敌环俟的情况下率领将士们，掩埋好路边的尸体，又帮助百姓修理好房屋，帮助他们重新发展生产，同时修理被战火摧毁的城墙，加强防御。经过刘琨的一番努力，晋阳的局势逐渐稳定了下来，晋阳渐渐恢复了生气。

当时晋阳南面是强大的匈奴前赵，北面是正在崛起、试图染指中原的拓跋鲜卑的代国，东面是和段部鲜卑结盟的幽州刺史王浚。为了能在四面虎狼的环境中生存下去，经过一番深思熟虑后，刘琨决定和拓跋鲜卑结盟共同对付前赵。后来拓跋鲜卑首领拓跋猗卢背弃盟约，不再与刘琨合作。

有一次，刘渊派出数万匈奴兵将晋阳城团团围住。刘琨一见匈奴军队这个阵势，心中暗叫“不妙”，因为当时晋阳城内的兵力和匈奴兵力相差悬殊，如果和对方硬拼的话，那么晋阳肯定会被攻破的。于是刘琨一面派人加强防守，一面请求支援，可是七日已过，援军还未到达。见城内粮草就要出现短缺，而援军却迟迟不到，晋阳城的守军开始有了情绪，城中百姓也是人心惶惶。刘琨内心也非常着急，他想这下只能靠自己了，突然他想到了一个办法。虽然他当时不知道这个办法能不能解晋阳之围，但是他还是立即下令召集所有会吹奏胡笳（一种乐器，形状像笛子）的军士组成一个胡笳乐队。当夜，匈奴军队远远地听见一阵又一阵哀伤、凄婉的胡笳曲，匈奴兵听到家乡的曲子，都怀念起家乡来，个个含着热泪。半夜时分，刘琨又让人再次吹起胡笳，使得匈奴兵怀念家乡之情更加深刻，不久匈奴兵便撤走了。

刘琨就这样不花一兵一卒退了匈奴兵，保住了晋阳城。刘琨一直守在并州抗击匈奴侵扰。315 年，刘琨被匈奴打败，但是由于匈奴想取长安，因而并州得以保全。一年后，石勒（后赵建立者）攻打并州，刘琨不听劝阻全军尽出，中了埋伏大败，并州被攻占，刘琨逃出，只身投奔鲜卑首领段匹磾。

317 年，司马睿在建康（现在的南京）建立起东晋王朝，封刘琨为太尉。同年，刘琨准备和段匹磾等人联合起来，攻打石勒。石勒很害怕，就使了一个离间计，和段匹磾的部下末波联合起来，抓了刘琨的儿子，并要挟他写信给刘琨，让刘琨做石勒的内应。段匹磾果然中计，逮捕了刘琨，将他关了起来。

在狱中，刘琨写了一首诗《重赠卢谌诗》（卢谌，字子谅，曾为刘琨部下），抒发了作者壮志未酬的悲伤情怀，并希望好友卢谌能够自勉自励，有所作为。诗的最后两句更是表达了自己虽然意志刚强，经得起波折，怎奈造化弄人，被人控制了命运，无法完成大业的情感。

握中有玄璧。本自荆山璆。
惟彼太公望。昔在渭滨叟。
邓生何感激。千里来相求。
白登幸曲逆。鸿门赖留侯。
重耳任五贤。小白相射钩。
苟能隆二伯。安问党与雠。
中夜抚枕叹。相与数子游。
吾衰久矣夫。何其不梦周。
谁云圣达节。知命故不忧。
宣尼悲获麟。西狩涕孔丘。
功业未及建。夕阳忽西流。
时哉不我与。去乎若云浮。
朱实陨劲风。繁英落素秋。
狭路倾华盖。骇驷摧双辀。
何意百炼刚。化为绕指柔。

刘琨入狱后，段匹磾就收到了东晋荆州刺史王敦的信，王敦信上要求段匹磾将刘琨杀了。不久刘琨就被缢杀，死时年仅48岁。当时刘琨听人说王敦派人到了幽州，知道自己的人生也走到了尽头，于是他就对人说：“我的死期快到了，可恨国仇未报，到了黄泉，我也无脸去见双亲！”

刘琨一直被人们当成是一位爱国名将，领兵作战，力图恢复中原。其实他还是一位杰出的诗人，他写的诗洋溢着强烈的效忠祖国、誓死抗敌的爱国之情。后人对刘琨也颇多溢美之词。陆游曾赞刘琨“刘琨死后无奇士”。文天祥叹道：“中原荡分崩，壮哉刘越石。连踪起幽并，只手扶晋室。

福华天意乘，匹碑生鬼蜮。公死百世名，天下分南北。”武元衡的诗句则是：“南依刘表北刘琨，征战年年箫鼓喧。云雨一乖千万里，长城秋月洞庭猿。”

闻鸡起舞，收复国土——祖　逖

祖逖，字士雅，河北范阳遒县（今河北涞水）人，与刘琨为同时代的人。祖逖从小就不爱读书，但为人豁落、讲义气、好打不平。和刘琨一样，祖逖也是有志于恢复中原而致力北伐的大将。

刘琨和祖逖是好朋友，又都胸怀大志，经常在一起谈论国家大事。他们曾经一起担任过司州主簿，二人感情非常深厚，经常在一起，就算睡觉的时候也是同床而卧，同被而眠。一天半夜，祖逖听到公鸡打鸣的声音，就用脚把刘琨踢醒，说：“这不是恶声（公鸡打鸣一般在早晨，半夜里啼叫的鸡被称为“荒鸡”，当时被认为是不祥之兆），是催促我们起床练武的命令。咱们干脆以后听见鸡叫就起床练剑如何？”刘琨欣然同意，两人穿上衣服，拿起宝剑便到院子里练习武艺。从此以后，每天鸡一叫，两人便起床练剑。冬去春来，寒来暑往，从不间断。此后便有了“闻鸡起舞”的故事。

311 年，前赵攻陷洛阳，晋怀帝被俘，中原大乱，祖逖带着几百户乡亲到江南避难。一路上，他把自己的车马让给老人和病人乘坐，自己则和年轻力壮的小伙子们一同走路，吃的穿的和大家一块分享，有了问题也总能拿出解决的办法来，所以老老小小都非常佩服他，于是推选他为逃难一行人的首领——行主。

当时江南没有战事，生活比较安定，可是祖逖到了南方后并没有想长久地待在南方过安乐日子，而是一直惦念着生活在战乱中的北方老百姓，时刻想着收复被割据势力占领的西晋土地。

当时江南的统治者是西晋的皇族——琅琊王司马睿（司马睿就是后来的东晋第一个皇帝晋元帝）。一心想要收复失地的祖逖便给司马睿写了一封信，说国家的动乱，外族的入侵，都是由皇室内乱、争权引起的，并且请求司马睿能给他一支队伍，让他带军北上，收复失地，解救被奴役的百姓。然而司马睿当时只想保住江南，根本不想北伐。不过由于大部分晋朝子民都希望能够收复失地，司马睿不好拒绝。为了不给人落下口实，司马睿给了祖逖一个豫州刺史的头衔，不过没有给他任何兵马和武器，只给了他3000匹布，让祖逖自己去招募军队。

祖逖没有因此而绝望和放弃，他带领着随他一起南下的100多名部下，坐船渡江北上。船行驶到江心的时候，祖逖站在船头，望着那滚滚东流的江水，想到中原地区受苦受难的父老兄弟，心里一阵激动，就拿着船桨（古代叫楫），在船板上使劲敲了几下，发誓"祖逖不能清中原而复济者，有如大江！"同船的人听到这番话，都感动得流下眼泪。这就是"中流击楫"的故事，它说明一个人收复国土的决心。

祖逖过江以后，在江阴（现在的江苏省江阴）驻扎下来，打造兵器，招募人马，最后招募了2000多人，编成了一支北伐军队，一路向北前进，收复了不少的失地。当时，晋阳一带坚持抗敌的刘琨听了这件事情之后，感到非常高兴。

当祖逖的兵马到了雍丘（今河南杞县）的时候，他听说河南各地的坞主（世家大族或地方豪强自为坞主，或称宗主。）各自为政，拥兵自重，相互攻击，便派人招抚各坞主，请求他们共同抵抗石勒，进攻谯城（今安徽亳州）。当时蓬陂（河南开封县南）有个叫陈川的坞主势力较大，常常在豫州诸郡（今河南南部）大肆抢劫。后来祖逖打败了他，并将他所抢来的东西归还给被抢的人，因此深得民心。陈川败后，投靠了石勒。

石勒听说祖逖的军队已经打到了河南开封一带，就派侄子石虎统率5万大军打过来。双方一交战，石虎被打得大败，退离河南，只留下大将桃豹死守浚仪城（现在的河南省开封市西北）。过了不久，祖逖率领北伐军攻占了浚仪东城，桃豹则退守西城。晋军从东门出入，桃豹的后赵军由南门出入。两军相持了40多天，双方的粮草渐渐不够。此时，祖逖想出一条退敌之计。祖逖让人找来很多的麻袋，然后将大部分的麻袋装满泥土，剩下的几个麻袋装上了大米，然后祖逖告诉士兵该怎么做……

第二天一大早，桃豹的哨兵突然发现东门外有一队晋军，肩上扛着沉甸甸的麻袋，正在往城里运。桃豹得到报告，赶紧带着一队兵马去拦截，可是已经晚了，只有几个掉队的晋军，好像走不动路了，正坐在路边休息。

他们一见桃豹的人马，拔腿就跑，连麻袋也不要了。桃豹打开麻袋一看，大吃一惊，原来里面都是白生生的大米。桃豹的将士以为祖逖军营里粮草很充足，一个个都泄了气。其实那几个掉队的晋军是故意在等桃豹的士兵的，他们运的麻袋里装的都是米，而进了城的那些士兵运的麻袋装的都是土。桃豹不明就里，连忙向石勒报告，说晋军粮草充足。石勒得到报告，马上派出一队人马给桃豹运送粮草，可是半道上又被祖逖截走。桃豹愁得没有了主意，只好放弃浚仪城，回到北边去。

祖逖带兵北伐9年时间，收复了黄河以南的大部分土地，很多人纷纷前来归附他。祖逖军纪严明，生活节俭，和全军将士一起同甘共苦，给流亡的老百姓分配土地，鼓励他们进行生产，因此得到了大家的爱戴。

当时在中原地区，一些投靠了石勒的坞主，还把自己的家属送去石勒那做人质。祖逖也不难为他们，他宣布，只要这些坞主不是死心塌地跟着石勒，愿意暗地里接受他的命令，就允许他们表面上继续服从石勒。为了不让石勒起疑心，他还不时派军队去攻打这些坞主们。因此这些坞主们对祖逖非常感激，石勒军队一有什么动静，就马上向祖逖报告，所以祖逖在战斗中老是处于主动，几乎每战必胜。此后，石勒不敢再向南进犯。之后，石勒还修书给祖逖，请求和祖逖管辖的地区通商，祖逖虽然没有给他回应，却任由双方的商人自由经商，从中获得了不少的钱财，用以扩充军队的实力。

祖逖经过好几年的努力，把原来支离破碎的国土逐渐连成一片。没想到司马睿见祖逖力量大了，反倒担心起来。他派了一个叫戴渊的人来做祖逖的上司，实际上就是削去了祖逖的兵权。这时候，东晋的荆州刺史王敦已经不听从朝廷的号令，一场内乱眼看就要发生。祖逖的心就像在油锅里煎，担心收复中原的事业最后被付诸东流。

321年，祖逖因抑郁忧愤病死在雍丘，死时56岁。中原百姓听说祖逖死去的消息，万分悲痛，许多地方的百姓纷纷为他建了祠堂，以此来纪念他。

祖逖死后，石勒立刻发兵打过来，黄河以南几百里土地又丢失了。后来，将士们想起祖逖的尸首还埋在雍丘，其中一个叫路永的将军便带着五百勇士，赶了几天路，乘着黑夜，用绳索爬上雍丘城，经过一场血战，终于把祖逖的棺木运回了南方。

杀叛军以身殉国——南霁云

南霁云，魏州顿丘（今河南清丰西南）人，其生年不详，卒于757年。南霁云出身贫寒，年少时为人驾船谋生，善于骑马射箭。

唐玄宗天宝十四年（755年）冬，三镇节度使安禄山叛乱，他带领着15万步兵骑兵一路南下，一路上势如破竹，很快便攻占了许多地区。巨野（今山东巨野）尉张沼连忙起兵抗敌。张沼看南霁云骑射功夫了得，在用人的危急时刻，就提拔他为将。

至德二年（757年），安庆绪杀死安禄山后，派汴州刺史尹子奇统兵30万攻睢阳（今河南商丘县南）。尹子奇到了睢阳后，并没有急于攻城，而是派重兵将睢阳围得有如铁桶一般，水泄不通。就在这危难时刻，张巡和南霁云受命前来帮助睢阳太守许远一起守城。当时睢阳只有守军六七千人，而叛军却有30万人，双方兵力悬殊。然而睢阳守城将士英勇善战，几次打退叛军进攻。双方激战半月余，睢阳守军歼敌2万多人。

张巡和南霁云知道在这样的形势下，只能智取，否则无法占到先机。一天夜里，张巡叫兵士敲起战鼓，准备出城交战。城外的叛军听到对方的战鼓，也摆开阵势，准备交锋。可是，他们一直等到天亮，也没看见唐军出城。尹子奇见城里静悄悄的，就放松了警惕，命令兵士卸了盔甲休息。叛军将士紧张了一夜，卸了盔甲后倒地便大睡起来。正在这时，南霁云、张巡等将领每人各带50名骑兵，打开城门杀了出来。叛军没有防备，被唐军杀了5千多人。

即使唐军打了几次胜战，但是叛军的兵力依然非常强悍，更何况唐守军也有伤亡，再加上唐军被围困，生活变得越发艰难起来。于是，张巡和南霁云便想到"擒贼先擒王"，只要射杀了尹子奇，那么叛军就会大乱，趁此机会再进攻攻打叛军，胜算会大些。无奈，他们都不认得尹子奇，而尹子奇平日出战时，身边也总是跟着几个将领，而且他们的服饰都是一样的，骑的战马也一样，唐军无法辨认出哪个才是叛军主将尹子奇。

就在大家焦头烂额之际，张巡想出了一个办法。在一次两军对垒之际，张巡故意让一个士兵将一支用野蒿削成的箭射到敌阵里，叛军拾到这支箭，以为城里的箭已经用完了，便去报告尹子奇，而且还把箭递给尹子奇。尹子奇没有多想，接过箭来，拿在手上正在揣度，谁想一支箭突然飞了过来，还没等叛军反应过来，尹子奇就已经跌下了马。原来是张巡和南霁云商量好了，他们知道对方一定会将守军城中无箭之事向上报告，而谁最后拿着这支箭说明谁就是主将，而南霁云就负责将其射杀。南霁云果然是箭无虚发，他一箭就射中了尹子奇的左眼。趁对方方寸大乱之际，南霁云带领一队人马冲出城去，一阵砍杀，这次他们又打了一个胜仗。

少了一只左眼的尹子奇，恼羞成怒，在养好眼伤之后，又带了几万大军，把睢阳围住，准备报那一箭之仇。这次的围困比上一次还厉害，城中守军人数一天比一天少，到后来六七千人的部队就只剩下1600多人，城中的粮食渐尽。唐军每天只分到一合（一升的十分之一）米，拿树皮、纸张来充饥。

看着睢阳城危在旦夕，张巡和南霁云商量着向附近的唐军求救，最后决定由南霁云亲自去搬救兵。南霁云带领30名骑兵，杀出重围，马不停蹄地到了临淮（今江苏盱眙西北），向驻守在那的唐将贺兰进明求救。然而南霁云没有料到的是贺兰进明害怕叛军，不愿发兵，不仅如此，他见南霁云是名猛将，便想把南霁云留下来做自己的部下，于是他特地为南霁云举行了一次酒宴，请众将作陪。酒宴开始之前，南霁云依然对贺兰进明动之以情，晓之以理，他告诉贺兰进明睢阳和临淮两地是皮毛相依的，要是睢阳失守，临淮也难保。可是贺兰进明却丝毫没有出兵之意，反而一再催促南霁云入座，南霁云愤怒地说："我南霁云来的时候，睢阳城内的人已经有一个多月没东西吃了。我即使想一个人吃，道义上不忍心这样做，即使吃也咽不下去。"接着他抽出随身佩带的刀砍了自己的一只手指，气愤地说："我南霁云没能完成张巡将军交给我的任务，只好留下这个手指作证。"说完头也不回地走了。南霁云知道贺兰进明无论如何都不会出兵的，于是立即上马赶往睢阳，在离开临淮城之前，南霁云抽出一支箭，射向佛寺的高塔，箭射中在塔上，有一半箭头穿进砖里。南霁云对此箭立下重誓："吾破贼还，必灭贺兰。"接着赶回睢阳。

南霁云刚到睢阳城门，就被叛军发现了，双方在城下展开了殊死搏斗，张巡闻讯出城相迎，并打退了敌兵。回到城中南霁云告诉张巡自己此行并无收获，看来只有依靠自己的力量来抗敌了。反复商量之后，张巡和南霁云认为睢阳是江淮的屏障，为了保卫江淮，只有死守睢阳城了。可是他们的日子却一天比一天难过，因为被困，他们开始断粮了，到了完全断粮的时候，张巡和南霁云就和所有的守城将士一起吃树皮，树皮吃完后，就杀战马，到最后他们只好捉麻雀老鼠吃。

到了最后，全城只剩下 400 多人，尹子奇派兵用云梯爬上城头，此时城头上的守军饿得连使弓箭的力气都没有了。757 年，睢阳城被叛军攻陷，张巡、许远、南霁云等 30 多名将领全部被俘。叛将逼他们投降，还把刀架在张巡脖子上，张巡宁死不屈，把叛将痛骂了一顿。叛军见威胁张巡不成，就把目标转向南霁云，可是南霁云根本就不理睬他们。张巡转过脸来，对着南霁云高声喊道："南八（南霁云排行第八），男子汉死就死，可不能在叛军面前屈服啊！"南霁云笑道："欲将有为也，公知我也，敢不死。"意思是说："我原想要有所作为。现在您说这话，我敢不死吗？"二人接着被杀。

睢阳城虽然被破，但是由于南霁云等人的坚守，才得以拖住了叛军南下的步伐，使得唐军可以从容调兵遣将，镇压叛军。唐军最后得以平定安禄山的叛乱，睢阳城守军可以说是功不可没。而张巡和南霁云等人的爱国之情也让人由衷敬佩。

杀敌报国，至死方休——杨　业

杨业，又叫杨继业，北宋著名的爱国将领，其生年不详，卒于 986 年。杨业原名杨重贵，年少时曾为后汉节度使刘崇的部将。951 年，刘崇割据太原，建立北汉政权。北汉刘承钧时赐杨业刘姓，并为其改名继业，任命他为建雄军（今山西代县）节度使、侍卫都虞侯，长期守代州，抵御辽朝的侵扰，因他屡立战功，时称"刘无敌"。后来北宋围攻太原，杨业随北汉主刘继元降宋。杨业归顺后恢复杨姓，单名业，北宋朝廷封其为左领军卫大将军、郑州防御使者。

太宗太平兴国五年（980 年），杨业负责守雁门关。那时候，北方的契丹（辽）十分强大，经常侵犯宋朝的边界，而雁门关正是防守辽军入侵的关口。就在这一年，辽国的驸马萧多罗和大将李重海统领 10 万辽兵，进犯雁门关。杨业悄悄地带着一队轻骑深入敌后。等到辽军到达雁门关的时候，杨业便从他们的背后出现，给了他们一个措手不及。在这场战斗中，萧多罗连人带马被杨业劈成两半。李重海见势不妙，拨转马头想逃，没想到被杨业一箭射下马来，活活被抓。这一仗，杨业率领五千杨家军，大败 10 万辽兵。从此杨业威名远播，人们都称他为“杨无敌”，辽军只要望见杨业旌旗立即胆寒，不敢与之对阵，即刻引兵退去。

太宗雍熙三年（986 年），宋军大举北伐，想把过去辽军侵占的北方幽云十六州重新收复回来。此次北伐由曹彬统帅，兵分三路，杨业担任的是西路军的副将，主将则是潘美。杨业和潘美共同带领西路军从雁门关出发，在杨业的带领下，西路军一出雁门便连着攻克了寰、朔、应、云（今山西境内）四个州。

按原来的作战计划，三路兵马各有使命，东路军的任务就是吸引辽军的主力，使中、西两路兵马趁机夺城，最后三路大军会师，一块夺取幽州。可是东路军的将士们看到中、西两路大军进展非常顺利，就觉得辽军也没有什么了不起，他们担心功劳全被中、西两路的官兵给占了，也急急忙忙地向前赶，结果在涿州（属河北）中了辽军的埋伏，死伤了不少人马，只好向后撤。

东路军本是三路大军的主力，由于它的战败使得原来的计划无法继续进行，为此，宋太宗只好放弃北伐的计划，让中、西两路大军也撤回来，顺便把寰、应、朔、云四州的老百姓迁到关内来。

当时辽军主攻寰州，杨业认为应该出兵应州，以此来分散敌人兵力，这样就可以在敌强我弱的情况下，保护四个州郡的百姓不受伤害。可是主将潘美和监军王侁极力反对杨业的建议，他们要杨业出兵雁门北川，进扑马邑。杨业认为，此举必败无疑，但潘美、王侁以杨业不出兵就是想谋反相要挟，强令杨业出兵。杨业说：“我杨业并不是贪生怕死之人，可是眼下的局势对宋军十分不利，如果贸然进攻，只会让我们的士兵白白送死。”可是潘、王二人此时什么也听不进去，只是一味地坚持自己的错误主张。杨业见无法劝服他们，无奈之下，不得不带兵出战。

在出战之前，杨业请潘、王二人在陈家谷口（朔县南）设伏兵，到宋兵无法支撑的时候好有个接应。说完便带着自己的大儿子和几千人出发了。走了没多久，他们就碰到了一队辽军，双方交起手来，辽军边打边退，宋军一路追去，不想中了埋伏。

孤军深入的杨家军浴血奋战，杨业身负重伤十余处，士兵们也个个奋不顾身，英勇杀敌，斩杀敌军无数，但由于寡不敌众，宋军伤亡惨重。杨业率领宋军左冲右突，好不容易杀开一条血路，终于退到了陈家谷口。没想到潘美并没有听杨业的主张，根本就没有在陈家谷口设伏兵，他听说辽军的主力杀了过来，不管杨业等人自己撤走了。杨业到了陈家谷口，见没有援兵，只好和部众继续拼杀，直到夜幕降临，双方军队才开始歇兵。

杨业这时清点了一下人数，发现只剩下一百多号人了。杨业心中一阵难过，他对部下说："你们家中各有老小，日夜盼归，不要与我死在这里了，立即突围出去吧，也好给宋军报个信。"

但是，所有的士兵都不肯离去，他们哭着对杨业说："杨将军，这些年来，您这么关心我们，不管是吃饭、睡觉、还是操练，您都和我们在一起；您武艺高强，打仗时奋勇当先，令我们感动、敬佩，作为您的下属，我们非常骄傲，今天我们决定和老将军同生共死。"

杨业摆摆手说："大家快不要这样说了，我杨业心中有愧呀，我对不起大宋，对不起死去的将士们！我不能再眼睁睁地看着你们也和我一起死掉了，快走吧！"

士兵们哭着说："过去将军带领我们打了许多胜仗，但是难免有失败的时候，况且，这次的失败也不能归咎于您。眼下敌人已经将我们重重包围了，而且您又身负重伤，我们无论如何也不会走掉的，要是我们被打败了，那么我们就死在一块好了。"

杨业见到将士们都如此视死如归，非常感动，于是他带领着剩下的百十来人，又与辽军展开了生死搏斗。后来，所有的将士都战死了，他儿子杨延玉也战死了。他矢尽援绝、重伤被俘。辽军主帅耶律斜轸亲自来看杨业，他对杨业说："将军和我们打了30多年的交道，从来没有败过，今天怎么落到我的手里了呢？"

杨业大声说："可恨潘美不听我的话，坏了国家的事情。我既然落到你们的手里，要杀便杀，不必废话！"

耶律斜轸佩服杨业是一员勇将，想收服他，就说：“自古以来，有本事的人都找贤明的君主，现在你们大宋是君昏臣奸，您又何必为他们卖命呢？只要您肯归顺我们大辽，我保证您一辈子荣华富贵，享用不尽。”可是杨业丝毫不动摇，他对耶律斜轸说他绝不投降。可是耶律斜轸不死心，他把杨业关进监狱，吩咐手下人好吃好喝伺候，只要能使杨业投降，就是立了大功。可是杨业早就下定决心，既不吃，也不喝，过了3天，就死在狱中。这位60岁的将军，用自己的生命谱写了一曲爱国主义的壮歌。

伟大的爱国诗人——陆　游

陆游，字务观，号放翁，生于宋徽宗宣和七年（1125年），祖籍越州山阴县（今浙江绍兴）。陆游12岁便能诗文，一生著作良多，现存诗词9000多首，而他的著作大部分表现的是抗金杀敌的豪情和对敌人、卖国贼的仇恨，风格雄奇奔放、沉郁悲壮，洋溢着强烈的爱国主义激情，他因此也被后人赞为“伟大的爱国诗人”。

陆游的童年时代是在金人南侵，徽、钦被掳，兵荒马乱、流离转徙的逃难生活中度过的，这一段悲苦的逃难生活，在陆游幼小的心灵中留下了深刻的印象。正是这种颠沛流离的生活，让陆游对金人恨之入骨，这也是他从下就立下志愿——驱逐金人，收复失地的原因。

陆游在十七八岁时，已开始正式写诗，恰好也在这时，他认识了南宋初期的大诗人，主战派曾几。曾几是来拜见陆游的父亲陆宰的。而陆游却和这位前辈一见如故，他们在政治上有共同的见解，对诗歌也有着共同的爱好，这使得两人建立起了互敬互爱、亲如父子的师徒之谊。

绍兴十四年（1144年），20岁的陆游同表妹唐琬结婚。唐琬不仅人长得漂亮，而且在诗词歌赋上也有相当的修养。陆游夫妻二人感情非常好，婚后，生活幸福美满。可是陆游的母亲却对自己的亲侄女非常不满，后来还让陆游休了唐琬，陆游虽不忍与爱妻分别，可是对于母亲的要求却不得不从。后来，陆游另娶王氏，唐琬迫于家长之命，另嫁赵士程。

十年后的一个春日，陆游出游于故乡禹迹寺南的沈家花园，碰巧的是唐琬和赵士程也到此赏春。唐琬尽管再嫁，但是心里却依然想着陆游，当她看见陆游一个人孤零零地在那里徘徊，心中百味，便让家僮给陆游送去一份酒肴并致意。陆游当然体会到了唐琬的一片深情，他含泪强吞苦酒，万千思绪涌上心头，挥毫在一堵粉墙上写下了千古绝唱《钗头凤》：

红酥手，黄藤酒，满园春色宫墙柳。东风恶，欢情薄，一怀愁绪，几年离索。错！错！错！春如旧，人空瘦，泪痕红，鲛绡透。桃花落，闲池阁，山盟虽在，锦书难托，莫！莫！莫！

唐琬走过来，看到了这首《钗头凤》，更是百感交集。回去以后，她也和了一首，从此郁郁成疾，不久便去世了。

沈家花园之会和唐琬之死，成为诗人心底不可平复的伤痛，终生不能忘怀。每当年底，诗人总要登上禹迹寺楼眺望，怀念自己和唐琬的爱情，即使是唐琬死去已经40年，诗人自己也已经75岁了，他依然写道：

梦断香销四十年，
沈园柳老不吹绵；
此身行作稽山土，
犹吊遗踪一泫然！

绍兴二十三年（1153年），29岁的陆游到临安（今杭州）去参加省试，正赶上丞相秦桧的孙子秦埙也来应试。秦桧示意主考官陈元茂取秦埙为第一名。陈元茂是一个公平正直、不畏权势的人物，他在阅卷过程中发现陆游比秦埙考得好，便取陆游为第一名，秦埙为第二名。这件事惹怒了秦桧，到第二年殿试时，他不但公然刷掉陆游的名字，不让他参加殿试，并且触动旧恨，要治陈元茂的罪。幸而这个奸相不久便死掉了，此事才算作罢，可是陆游也因此而失掉了由科举取得功名的机会。陆游的被黜，固然是由于秦桧要使他孙子得中头名，此外，还有政治上的原因。在南宋小朝廷内，主战、主和两派之间，一直存在不可调和的斗争，而这时正是主和派头子秦桧独揽大权的时候，自然坚定的主战派陆游就不会得到重用。

1162年，宋孝宗赵慎起用主战派张浚，准备北伐。孝宗召见了陆游，陆游趁此良机提出了许多政治军事主张，并给予赵慎以有力支持。这似乎实现了陆游“上马击狂胡，下马草军书”的愿望，但是北伐失利，南宋再度向金求和，南宋朝中主和派重新抬头，张浚被罢官，陆游也被削职还乡。不过在其不到一年的军中生活，却给陆游留下了深刻的印象，他身着戎装，来往于前线各地，抗敌将士的艰苦生活和爱国热情，极大地开拓了他的诗歌境界，豪迈而悲壮也成为他一生诗歌创作的基调。

几年后，陆游重新入朝做官，他被任命为夔州（今四川奉节县）通判。后来又到四川宣抚使王炎的幕府中办理军务，积极向王炎提出恢复中原的作战策略。但是，由于朝中投降派的阻挠破坏，王炎被召回朝廷，幕府也被撤散。陆游的作战主张不仅得不到实现，自己也被调到成都府安抚司任参仪官。后来他又被任命为蜀州（四川崇庆）通判（副州官），接着又被调到嘉州（四川乐山），年底才又回到蜀州。虽然他仅在蜀州待了一年，不过却和当地的人民结下了深厚的情谊，晚年陆游还写了许多怀念蜀州百姓的文字，而当地人民在他长逝之后，也为他建祠，以此来纪念他。

陆游在世的几十年间，为了驱逐金人，收复失地，也曾身体力行，奔走呼号。但是，北伐事业终究只是他矢志不渝的愿望而已。

当年万里觅封侯，
匹马戍梁州。
关河梦断何处？
尘暗旧貂裘。
胡未灭，
鬓先秋，
泪空流。
此生谁料，
心在天山，
身老沧州！

这首《诉衷情》正好表现了诗人的悲愤之情——报国无门，这不仅是一个爱国之人的悲哀，也反映了当时南宋朝廷的无能。直到弥留之际，在病榻上的陆游还念念不忘告诉儿子：

死去元知万事空，
但悲不见九州同。
王师北定中原日，
家祭无忘告乃翁。

诗人这充满了强烈爱国主义精神的泣血绝唱，曾激励了数不尽的爱国者。而诗人那愈挫愈坚、百折不回的执著精神更是历代有志男儿所追求的。

宋亡三杰之一——张世杰

张世杰，范阳（属今天河北涿州）人，生年不详，死于1279年。张世杰生活的年代，正是南宋王朝风雨飘摇、濒临灭亡的时代。所谓“乱世出英雄”，张世杰为维护南宋政权南征北战，在抗击蒙元战斗中他英勇顽强，屡立战功。

1275年，元军大举南侵，沿长江顺流而下。两岸郡县的南宋一众武将、守臣大都丧失了斗志，逃的逃，降的降，使得伯颜率领的元军如风卷残云，势如破竹，很快逼近了临安。这时，临安守卫空虚，辅佐5岁小皇帝赵显执政的谢太后下诏，要求各地派兵到临安“勤王”。然而各地的官员大都忙着准备投降元朝，对临安的诏书不予理睬。只有郢州守将张世杰和赣州知州文天祥两人收到诏书后，立即起兵勤王。在前往临安的过程中，张世杰还收复了饶州。然而张世杰早年本是北方金将张柔的部下，后来张柔降元，张世杰则率部投宋。当时南守右丞相陈宜中却因他来自元军后方，对他很不信任，并调换了他原来统率的兵马。

张世杰到临安后，受命总都督府各军。同年五月，张世杰的部下刘师勇收复了被元军占领的常州。接着他又收复了平江、安吉、广德、溧阳等被元军占领的各个城镇，使宋军兵势大振。

7月间，张世杰与刘师勇、孙虎臣等结集战船万余艘，驻扎在焦山（今镇江），与元军对阵。张世杰命令以10船为一方，如果没有号令，就不得起锚。不想元将阿木、张弘范以大船发动火攻。宋军猝不及防，所有战船无法前进，只好后退，宋军众将士与元军展开了殊死搏斗，但终因寡不敌众，许多士兵溺水而亡，此战失利。

10月，元兵进迫临安，此时，张世杰为检校少保。他与文天祥商议，此时各路勤王兵马尚有数万之众，如果与敌人决一死战，若得胜则可趁机在淮东出兵截杀元军后路，国事或许会有新的转机。然而左相留梦炎和右相陈宜中准备求降，否定了他们的建议。

11月底，元军攻破独松关后，留梦炎弃官逃跑，陈宜中得到谢太后的允准，向元军求降，但是元宰相伯颜不同意。第二年初，元军攻破潭州后，又有十几个州县相继降元，谢后多次派人与元朝议降而遭拒绝，南宋形势更加危急。张世杰请求让小皇帝赵显和谢太后入海躲避，由他领兵背城一战，陈宜中不允。不久，陈宜中暗中做了手脚，偷偷地向元军送去宋朝的传国玉玺和以皇帝赵显名义写的降表。伯颜看了降表，要陈宜中亲自到元军商议投降的事，陈宜中害怕被杀，趁黑夜逃到温州。张世杰见南宋王室决意投降，临安难保，遂领兵南下，准备在南方扩大力量，继续抗元。

德佑二年（1276年）3月，伯颜领兵进入临安，将小皇帝赵显等掳去。临安被元军攻破之前，秀王赵与择护着二王（益王赵昰和卫王赵昺）出海，二月间到达温州。张世杰听闻此事后，也迅速从定海来到温州。后来张世杰、陈秀夫等人拥二王到福州，五月间护立赵昰为小皇帝，即宋端宗，重新树起宋朝旗帜，继续抗元。张世杰被封为枢密副使，这时宋军仍有兵马17万人众。这一年11月，元军自浙江南下，进入福建，张世杰护卫着端宗帝逃上海船，辗转来到泉州、潮州等地。12月间，端宗帝等人的海船停泊在广东惠州附近，在水上流亡。

1277年，张世杰在江西、广东继续开展抗元活动，这些地方的军民纷纷响应。特别是福建农民起义领袖陈吊眼、许夫人等，率领汉畲各族人民投入了反元斗争，使南宋兵势又一次稍有振作。1278年初，端宗在逃亡途中遇到飓风惊吓病死。4月，张世杰又拥立8岁的赵昺做皇帝。6月间，张世杰和小皇帝迁到大海中的厓山（今广东新会南），作为最后的战略据点固守起来。

元世祖忽必烈派张弘范为都元帅，李恒为副帅，率领水军和骑兵，海陆并下，进攻福建、广东，企图最后一举消灭宋军。1279年正月，元朝水军即将大举进攻厓山。张弘范先派人向张世杰劝降，张世杰慷慨激昂地说："我知道投降元朝，不仅可以活命，而且可以得到荣华富贵。但是，我宁可掉脑袋，决不变节！"张弘范还不死心，又让张世杰平日最敬佩的文天祥（已被捕）写信招降，他哪里知道张、文二人之所以深交、惺惺相惜，就是因为二人有着一样的节操，只见文天祥写道：人生自古谁无死，留取丹心照汗青。张弘范看劝降毫无希望，就只有强攻宋军了。

宋元两军在海上对阵，刚开始是两军相持不下，张世杰先是防住了元军的火攻，接着元军又改用船队封锁海面，切断张世杰与陆地上的一切交通联系。宋军饮水被断，在极其艰苦恶劣的条件下与元军继续对抗，双方依旧相持不下。正月底，元朝战船渐增，战斗实力增强了，而宋军则已疲惫不堪，在腹背受敌情况下，仍日夜拼命反击。二月初六清晨，元军发起猛烈攻击，宋军将士虽然又饥又渴，但依然顽强抵抗，以死相拼，最终因寡不敌众，宋军将士死的死，降的降。

张世杰见宋军战败，眼看国家就要灭亡，他准备接回赵昺组织突围，伺机再图复国，不过纷乱中他的计划没有成功，陆秀夫背负小皇帝投海而死。张世杰知道小皇帝死后，大声哭道："吾先立一君，不想身亡；复立一君，此君亦亡，这可如何是好！"接着张世杰只好砍断维绳，指挥战船趁着朦胧的夜色，保护着赵昰的母亲杨太妃突围，撤退到海陵山。他召集余下的部众，在海上漂泊。不想几天后，海上刮起台风，张世杰坚持不肯上岸，最终同杨太妃等葬身于大海之中。

张世杰，这位坚持抗元十几年的英雄，与陆秀夫、文天祥被人们尊称为"宋亡三杰"。三人的爱国故事亦被人们代代称颂。

自荐抗倭名将——俞大猷

俞大猷，字志辅，号虚江，福建晋江人，生于1503年。俞大猷从小就和母亲相依为命，他的母亲依靠手工编织妇女用的发网养活一家。俞大猷自幼就有大志，他从小就刻苦读书，希望有一天能够科考高中，显耀门楣，更重要的是他要做出一番大事业。不过在他还来不及去科考的时候，他的父亲去世了，那一年他 20 岁。他接受了世袭的百户的官职，开始学习骑射，成为百发百中的好射手。同时，他向精通剑术的李良钦学习击剑，不久也学有所成，李良钦称赞他“剑术天下无敌”。

1535 年，俞大猷参加武举会试，并获得了第五名的好成绩，因此被升任为正千户，被派往金门任职。当时福建、广东一带时常会有倭寇乘风游劫，地方官员对此毫无警惕，认为那些倭寇成不了什么大气候，不会对地方造成什么祸患，根本就不管他们。俞大猷则不这么认为，他觉得如果不及时铲除那些倭寇，那些倭寇就会越来越嚣张，总有一天会到了无法控制的地步，对地方造成祸患。因此，俞大猷向监司报告，陈述对倭寇用兵的意见，要求剿灭倭寇，谁知监司不但不采纳他的意见，反而将他臭骂了一顿，并剥夺了他的职务。

1542 年，北方俺答侵扰山西，朝廷下诏，命令全国各地选拔武勇的战士。当时国家还是比较安定的，已经很久没有用兵了，即使是武将也害怕被选上前往边防。可是俞大猷却很高兴，他觉得自己可以趁此机会报效国家了。他满怀希望，亲自求见了巡按御史，自荐道：“朝廷选任边帅，再也没有比俞某更合适的了……”结果他便被举荐到兵部，但最终也没有被委以军国重任，报国无门，只得辞归。后来俞大猷又被兵部委任为汀、漳守备，派驻武平。

1552 年，俞大猷受命为宁（波）台（州）参将，前往浙江抵御倭寇进犯。从此，他开始驰骋于抗倭的东南战场。这一年，倭寇大举进犯浙东，四处杀掠。俞大猷来到宁波、台州，决定调遣福建舟师，以楼船分布沿海诸岛，布防周备。他伺机扬帆入海击倭，一举大获全胜，斩获、俘虏了几千个倭寇，取得大规模海战的第一次战功。

在不断的抗倭战斗中，俞大猷总结出不少的海战经验，他说：“海战无巧法，只在知风候，齐号令，以大船胜小艇，集中兵力，以多胜寡。”在航海作战中，俞大猷总能做到镇定自如，临危不乱，指挥英勇的士卒，和凶顽的倭寇展开激烈的搏斗，取得辉煌的战果。因此，他所统帅的部队被誉为“俞家军”，和当时戚继光统帅的“戚家军”扬威海内外，令倭寇闻风丧胆。

1557年，总督胡宗宪听信副总兵卢镗的建议，准备派人诱劝通倭海寇汪直前来通市，幻想借此消弭倭患。俞大猷竭力反对他们的这一主张，他认为当时应该做的事情是修造战舰，整饬军备，倭寇前来进犯的时候，就出兵打他们，要是他们逃跑的话则奋力追击，这才是抵御倭寇来犯的好办法。可是胡宗宪不听俞大猷的劝告，他用卢镗的计策，诱杀了汪直，结果事与愿违，反而招致汪直众徒的不满，以毛海峰为首的倭寇，占据舟山，守住险要的岭港，和明军势不两立。朝廷见状，忙派俞大猷、戚继光协力进剿，但是那群倭寇死守着险要的关卡，不管明军怎么攻击都无济于事。

到了第二年的7月，倭寇开始从岭港撤离，俞大猷虽然从海上追歼，击沉敌舰一艘，而多数倭寇则南移到了广东、福建一带进行抢劫。胡宗宪没有办法抵御这些倭寇，就暗地里纵其离去，之后又无耻地推卸责任，诬告俞大猷"不听节制"，纵敌逃遁。嘉靖帝不明真相，下诏逮捕俞大猷问罪。后来，判令他"立功塞上"，于是俞大猷奉命东出蓟门，西入云中，来到当时的边镇大同。俞大猷因地制宜，为边塞创建了"兵车营"。

此后，由于福建、广东的倭患仍然严重，俞大猷又奉命南下剿灭倭寇。1562年，倭寇大举进犯福建，俞大猷临危受命，接掌福建总兵一职，戚继光任副职，会同刘显所率部队前往围剿。1563年，俞大猷奉命自赣南昼夜兼程，奔赴抗倭前线平海卫附近，刘显军驻扎在离县城三、四里地的明山。当时戚家军尚未赶到，俞大猷估量双方兵力相当，而自己的军队刚刚集结、不可轻易开战，决定布列兵营，把敌人围困在平海卫弹丸之地，只等戚家军一到，便可三面合攻。这一"以守为攻"的策略得到巡抚大臣谭纶的赞赏，他力排众议，下令军队"万勿速战"。4月下旬，戚家军赶到，谭纶指挥戚家军由中路出击，刘显从左边进行进攻，俞大猷从右边发起进攻，三路兵马同时进攻，果然取得了胜利，歼敌2200人，解救被倭寇掳掠的百姓3000多人。

福建倭患平息后，流窜到广东的倭寇又在惠州、潮州一带作乱。而这时惠湖两州及福建的延平、汀州，先后爆发了民众的反抗斗争，局势相当危急。朝廷想要借助俞大猷在民众中的声誉和"俞家军"的威力，施加影响并镇压，于是明朝廷在1564年把俞大猷调广东从事清剿和抗倭。俞大猷不负众望，他以他崇高的威望慑服了各路的反抗力量，使得他们不仅不跟朝廷作对，反而协助官军抗击倭寇。当时和倭寇相勾结的吴平，也迫于形势，表示归附，使倭寇陷入孤立。内部平定后，俞大猷挥戈直指倭寇的巢穴，一日夜连克三处，又在海丰大败敌寇，余众逃至海上。几年后，吴平余党曾一度侵扰广州，又窜扰福建，俞大猷联合郭成、李锡的军队共同清剿平息。至此，东南沿海20多年的倭乱基本荡平，千里海防得到巩固，沿海人民的生命财产得到了保障。

1573年秋，海寇再起，俞大猷战御失利被夺职。1576年明朝廷又起用他。俞大猷因年迈体衰，三次上书乞求辞职，未被批准。1580年，俞大猷因病去世，享年78岁，赠左都督，谥武襄，葬泉州郡城北。

大败俄国侵略军的将领——彭　春、萨布素

早在明朝末年，沙皇俄国的远征军就经常滋扰中国的黑龙江地区。这些侵略者杀人放火、掠夺财物。当地老百姓对他们恨之入骨，称他们为“罗刹”（古代传说中一种吃人的魔鬼）。明末清初之时，清朝的八旗兵大部分都开到关内，和明朝政府争夺江山，东北边境上的防务一时顾不过来。两支沙俄远征军分别占领了雅克萨和尼布楚，在这里盖起城堡。他们想把这两个地方当成根据地，然后不断地向中国的其他地方发展，妄图侵占中国的领土。

到了清康熙年间，清政府已经完全统一了中国，国势也日渐强盛。康熙皇帝决心要彻底解决东北边境上的问题。他先给俄国政府写信，要求他们退兵，但是沙皇对于清朝政府的要求完全不予理睬，依然我行我素，他们认为清朝政府不敢拿他们怎么样。见俄沙皇如此嚣张，康熙皇帝决定狠狠地对他们进行还击。经过周密的准备，1658年，康熙派大将彭春率领一支3000多人的军队，从北京出发，前去围剿敌人。

彭春率领的清军把雅克萨围了个水泄不通。起初，彭春下令用大炮攻城，城里的沙俄军伤亡惨重，教堂、钟楼、粮仓都被炸塌了，可是沙俄军队就是不肯投降。彭春知道雅克萨城内的城墙和房子都是木头建的，于是下令采用火攻，不到一会儿，城里成了一片火海。沙俄军只好在头目托尔

布津的带领下，举手投降了。彭春接受了沙俄军投降，收缴了他们的武器，放他们回国。有40多个沙俄士兵愿意留在中国，清朝政府也都给他们作了妥善的安置。

然而托尔布津一伙沙俄军并没有接受教训，当他们得知，彭春的军队已经退出雅克萨城后，他们又悄悄地潜入雅克萨，并在那建了新城。因为有了上次的教训，沙俄军将城墙建得更加坚固，而且他们也准备了火药库和粮仓，以此来对抗清军。然而，他们的如意算盘又一次打错了。

沙俄一切准备好了以后，又开始在当地为非作歹，并且偷袭了清军的一个哨所，杀了30余人。黑龙江将军萨布素得知消息后，气坏了，他立刻统领清军开到雅克萨城下，挖长堑、修堡垒，派水军封锁了水路，把雅克萨城包围得严严实实。

这群沙俄军队被围困在雅克萨城中，无法突围出去，终日惶惶不安，一直在找寻出路。在一个大雾弥漫的早晨，被围困在雅克萨城中的沙俄军队以为机会来了，他们认为这是个大好的偷袭清军的机会。于是，托尔布津指挥一股沙俄士兵，偷偷出了城，想偷袭城外的一处高地。但是他们没有想到的是萨布素早有防备，等到俄军一走近，还没来得及看清路，一声炮响，埋伏的清军一齐杀出，把这股侵略军杀得落花流水，落荒而逃。从此，侵略军只好老老实实地躲在城里，再也不敢出来。作为指挥官的托尔布津则是中了清军的炮弹，被炸断了双腿，几天后就在雅克萨城中死去了。

沙俄侵略军被萨布素围困了好几个月，一直被围困到了冬天，雅克萨城内的大部分侵略军不是在交战中死去，便是在缺吃少穿的情况下病死，到了那年年底原本有七八百的侵略军死伤了七八成，也就剩下了百来号人。

沙俄政府这时才意识到问题的严重性，沙皇连忙派使者出使中国，请求清朝政府解除对雅克萨的包围，表示愿意进行边界谈判。康熙皇帝接受了对方的请求。双方经过协商后，签订了《尼布楚条约》。这是中俄第一个边界条约，从此以后，中国北方的领土安全就有了法律上的保证。

彭春、萨布素统率中国军队，多次重创侵入中国领土的沙俄侵略军，保护了当地的百姓安居乐业，更是维护了国家的尊严和领土的完整。

翩翩少年赴国难——喻培伦

喻培伦是四川内江人，黄花岗七十二烈士之一。1886 年，喻培伦出生在一个富裕的商人家庭。6 岁就入私塾学习，聪明好学，机敏过人的喻培伦对历史中爱国人物十分崇拜，并立志自己也要成为那样的人物。

1905 年，喻培伦同弟弟喻培棣怀着“实业救国”的愿望远渡重洋，留学日本。途中，船到汉口，喻培伦兄弟二人上岸游览，不慎进入了英租界。一个印度巡捕气势汹汹地拦住他们，不准他们前进，喻培伦气愤地质问：“这是中国的土地，为什么不许中国人游玩?”哪想蛮横的印度巡捕根本就不理睬他们的质问，反而举手就打。身弱的喻培伦，被推下江堤，差点滚入长江。这是他第一次如此近距离地接触殖民者，同时也让他感到异常的悲愤。

喻培伦到达东京后，先是进入警察学校学习，第二年又考入经纬学校，后又进入大阪高等工业预备学校学习理科。喻培伦在日本不断地学习先进的技术，希望回国后能用上所学的东西。课余就到大阪、神户、东京、横滨等地的日本工厂进行考察，设计许多办厂方案，想借此振兴实业，抵御外侮。但是由于当时清政府黑暗腐朽，喻培伦的“实业救国”的愿望无法实现。

1907 年，弟弟喻培棣告诉喻培伦，自己加入了同盟会。在弟弟的影响下，喻培伦阅读了同盟会的纲领，他觉得要想实现“实业救国”的愿望，只能推翻清政府的统治，建立开明的新政权才能真正达到强国的目的。于是 1908 年夏，他在吴玉章的介绍下加入中国同盟会。为了革命斗争需要，他转行考入千叶医学校药科，潜心研究制造炸弹的方法。

喻培伦在一次炸弹制造研究试验中，不慎引起爆炸，警察闻声赶来，他急中生智，从容地向警察出示医校学生证明，以做化学试验为托词遮掩过去。虽然危机解决了，可是喻培伦自己却受伤不轻，他的左手因此而致残。但是这一切，都没有让他退缩，他依然进行着研究，经过反复的试验后，喻培伦终于制成了一种威力强大的炸弹。从此大家都称其为“炸弹大王”。

1908 年前后，同盟会组织的许多次武装起义都遭到失败，一部分革命青年便决定谋刺清朝官吏，喻培伦积极响应这些人，并为他们制造炸药。不过在 1909 年夏和秋，谋刺两江总督端方及摄政王载沣的行动都没有得到成功。在谋刺载沣失败后，清廷到处追查谋刺之人，喻培伦此前便去了日本，免受囫囵，而革命党人黄复生却被捕。

1911 年春，同盟会要在广东发动一次规模最大的武装起义，黄兴召喻培伦前往，专门负责供应炸弹。在广州甘家巷一处秘密机关，喻培伦不顾身残体弱，和革命同志一道，拼命工作，赶制出 1000 多颗炸弹。

起义军的各项工作准备就绪后，统筹部决定在 4 月 23 日发动起义，但由于种种原因，起义时间一再推迟。后来，起义军决定于 4 月 27 日起义，但是起义的前一天，由于清军戒备加强，局势非常紧张，起义军的领导人黄兴想推迟日期，喻培伦坚决主张按期起义，他说：“举义诚知必死。然死国，义也。吾人不肯死，谁肯死者？国事将不可挽矣！”在喻培伦的劝说下，黄兴同意了 4 月 27 日起义。行动之前，大家考虑到喻培伦是革命队伍中不可多得的科学工作者，再加左手已废，行动不便，要他留下来。他回答：“学固不能磨灭，非我死可以亡之。如果临阵退却，人格何在？”

1911 年 4 月 27 日下午，广州起义爆发。黄兴率领队伍冲向两广总督衙署，只见喻培伦臂缠白巾，胸前挂着一筐炸弹，奔在最前边投掷，成为开路先锋。他首先炸开了总督衙门的后墙，爆炸后的浓烟还没有散去，他已抢先冲进去。后来他又率领革命同志准备攻打观音山的督练公所，走到莲塘街与清兵相遇，喻培伦便登上房顶，居高临下，向清军投掷炸弹，炸得清军人仰马翻，纷纷后退。战斗非常激烈，直到深夜，清军大批援兵赶来，喻培伦等终因寡不敌众，弹尽力竭，被清军所俘，而喻培伦此时也身受重伤。

清军在审问喻培伦的时候，根本不知道他是谁，而喻培伦为了避免连累同志，隐匿自己真实姓名，自称王光明。面对敌人的严刑拷问，他却大讲制造炸弹的情况和革命道理。在敌人面前，他坚贞不屈，视死如归，慷慨激昂地说：“学说是杀不了的，革命尤其杀不了。”最后英勇就义，就义时年仅 25 岁。

1912年2月，孙中山领导的中华民国南京临时政府追赠喻培伦为“大将军”，并指令在他的家乡内江修建“喻大将军祠”，供后人悼念瞻仰。当年曾和喻培伦一起战斗的吴玉章1961年作诗纪念喻培伦殉国50周年，写道：

当时年少正翩翩，
慷慨悲歌直入燕。
几尺电丝难再续，
一筐炸弹奋当先。
成仁烈迹惊环宇，
起义欢声壮故园。
五十年来天下变，
神州春色遍人间。

除此之外，他赞扬喻培伦“不愧是流芳千古、永垂不朽的民族英雄。”1981年，内江市人民政府在市区人民公园内建立了“培伦大将军纪念碑”，1985年内江市在碑后增建“喻培伦大将军纪念堂”。

无产阶级革命家——李大钊

李大钊，河北省乐亭县大黑索村人，1889年生，1927年就义。李大钊是中国革命的先驱，中国共产党的创始人之一，是中国最早的马克思主义传播者，他促进了马列主义和工人运动的结合。其一生著作颇多，其生前共发表文章360余篇，诗歌20余首，创刊编辑杂志或小报8种，在其领导下出版的刊物4种。其著作主要是介绍马克思主义的，除此之外，也有同机会主义者论战的，有唤起民众起来革命的。

李大钊一家可算是书香门第，他的祖父和父亲都是读书之人。父母早逝之后，李大钊由祖父抚养，祖父对其要求极其严格。李大钊从3岁起就开始学字，四五岁便学读《千字文》《百家姓》《三字经》等，7岁入学，此后跟随多名老师学习，一直到16岁那年他考入永平府中学，开始接受正规的学校教育。

1907年夏，李大钊考取了天津的北洋法政学校。1912年6月，他写了第一篇文稿《隐忧篇》，同年冬他曾去北京，开始摸索救国救民的道路。1913年创办《言治》月刊，在创刊号上发表《大哀篇》，同年暑假，从北洋法政学校毕业，返回故乡，筹划出国日本。这年的冬天，李大钊得到友人的资助，去了日本，次年考取日本的早稻田大学政治本科，开始研究有关介绍马克思主义的著作。三年后，李大钊不等毕业，就回到了上海，投入到国内的反袁运动。之后他辗转到了天津，创办了《晨钟报》并担任主编。

1917年，列宁领导下的十月社会主义革命胜利了。李大钊在十月社会主义革命的影响下，终于找到了马克思列宁主义真理，成为我国最早的马列主义传播者。1918年1月，李大钊正式任北京大学图书馆主任，同年10月，毛泽东任北京大学图书馆助理员，和李大钊一块工作，共同研究马克思主义。11月15日，李大钊在天安门前的演讲大会上，发表了著名演说《庶民的胜利》，接着写下了《布尔什维主义的胜利》的光辉论文。他的演讲在群众中产生了很大的影响。

从1918年开始，李大钊和陈独秀轮流编辑《新青年》杂志，同年12月，李大钊与陈独秀发起的《每周评论》创刊，宣传介绍马克思主义。李大钊在积极地宣传马克思主义和十月革命的同时，还一面竭力地揭露帝国主义和反动派的侵略本质，号召青年学生和知识分子要与工农群众相结合，到工人、农民中去开展工作，积极组织各种进步团体。李大钊的努力为五四运动准备好了思想和组织基础。

1919年5月4日，北京14所大专院校的学生在天安门集合，举行了声势浩大的游行示威，这就是著名的五四运动。5月5日，大专院校学生罢课。6日成立了学生联合会。7日，长辛店工人也举行了罢工。此时，李大钊及时指出，对帝国主义和国内反动派不能抱任何幻想，要把斗争进行到底。6月30日，在广大群众的压力下，出席“巴黎和会”的专使，没有在和约上签字。五四运动取得了初步胜利。

1919年9月，李大钊开始在《新青年》杂志上发表《我的马克思主义观》，向中国人民系统地介绍马克思主义的基本原理，11 月全文刊载完，这是中国最早的、也是比较系统地介绍马克思主义的著作。

1920 年初，李大钊与邓中夏开始酝酿成立中国共产党的问题，同年 3 月，他在北京大学秘密组织“马克思主义研究会”。1920 年夏秋之间，李大钊帮助天津的共产主义知识分子成立了“马克思主义研究会”，9 月，继上海共产主义小组成立之后，李大钊发起成立了北京共产主义小组。1921 年 7 月，中国共产党在上海召开了第一次代表大会，成立了中国共产党，李大钊是创始人之一。他在中国最早传播了马克思列宁主义，促进了马列主义和工人运动的结合，他是北京共产主义小组的建立者和领导者，是北京党组织的创建者，他的一系列活动，对我们党的成立作出了巨大的贡献。1922 年 7 月，在上海召开的党的第二次代表大会上，李大钊被选为中央委员，8 月，中国共产党召开了中央全会，李大钊受党中央的委托，同孙中山进行会谈，进行党的统一战线工作。1923 年 2 月，李大钊领导了京汉铁路工人大罢工，6 月，出席了党在广州召开的第三次代表大会。

1924 年 11 月，国民党在广州召开了第一次全国代表大会，提出了“联俄、联共、扶助农工”的三大政策，李大钊同毛泽东、林伯渠一起出席了国民党一大，李大钊被选为国民党中央执行委员。孙中山临终前指定李大钊为国民党中央政治委员会的委员。在国民党第二次代表大会上，他继续当选为中央执行委员。

1924 年 5 月，由于张国焘的叛变出卖，李大钊被北洋军阀政府明令通缉，暂避五峰山。6 月，中共中央通知，委派李大钊同志作为中国共产党的首席代表，出席共产国际第五次代表大会。

1926 年 3 月，李大钊领导并亲自参加了北京人民反对日、英帝国主义和反对军阀张作霖、吴佩孚的斗争。北洋军阀段祺瑞执政府制造了“三·一八”惨案，北京一片白色恐怖。此时捉拿李大钊的通缉令也随处可见。在这白色恐怖的日子里，李大钊在一些人退缩、害怕的情况下毅然挑起了引导革命的全副重担，在异常险恶的环境下巧妙地与敌人进行顽强的斗争，指引着北方革命人民不断前进。3 月底，李大钊和国共两党北方领导机关一起迁入东郊民巷苏联大使馆西院的兵营里。在敌人的严密监视下继续领导北方的革命工作。

1927 年 4 月 6 日清晨，中国的清明，京师警察厅出动数百名宪兵、警察、特务，包围袭击了苏联大使馆及远东银行等处，实行了疯狂的大逮捕。李大钊被捕了。李大钊被捕后，敌人为了从他口中得到共产党的机密及名单，对其用尽了种种酷刑，甚至把竹签钉进他的指甲缝里，剥去了他双手的指甲。但是这一切都是徒然，他们未从李大钊口中得到任何的讯息。敌人见威逼不成，便用高官厚禄来诱惑李大钊，招来的却是李大钊的痛斥。

敌人见李大钊软硬不吃，便决定将其杀害，认为这样可以起到杀一儆百的作用。于是1927年4月28日上午10时，敌人的所谓特别法庭对李大钊处以绞刑。李大钊拖着被敌人打得遍体鳞伤的沉重身体，带着凛然不屈的威严目光，含着坚定的笑容，高呼着“中国共产党万岁”的口号，第一个从容、昂然地走上绞刑台。临刑前发表了最后一次慷慨激昂的演说：“不能因为你们绞死了我，就绞死了伟大的共产主义！我们深信，共产主义在世界、在中国，必然要得到光荣的胜利。”

为了崇高的共产主义理想，李大钊战斗了一生，最后献出了自己的宝贵生命。他牺牲时，年仅38岁。如今在北京香山万安公墓内的李大钊烈士陵园矗立着一块墓碑，墓碑上有中共中央撰写的碑文：

> 李大钊同志是中国最早的马克思主义者和共产主义者，是中国共产党的主要创始人之一。他对中国人民的解放事业，对马克思主义的信仰和无产阶级的革命前途无限忠诚。他为在我国开创和发展共产主义运动的大无畏的献身精神，永远是一切革命者的光辉典范。

口的巨人，行的高标——闻一多

闻一多，1899年生，出生在湖北浠水县一个“世望家族、书香门第”，现代著名的诗人、学者、民主战士。

闻一多于1913年考入北京清华学校，1919年春天，帝国主义操纵的“巴黎和会”拒绝废除袁世凯签订的“二十一条”卖国条约，而国内的反动政府不但不反对，反而准备在条约上签字，引起国人的强烈反对，作为时代先锋的学生们更是发起了示威游行。在这次以学生为主体的五四运动中，闻一多被选为清华学生代表。在此之前，他在学校的一次会议上，激动地对与会者说："清华住在北京，北京学生救国，清华不去参加。难道清华真的不是中国人的学校吗?"为了激发同学们的爱国热情，他又悄悄地在学校的饭厅门前贴了一份呼吁书，他还抄录了岳飞的《满江红》，以此来激励同学们，希望大家能够投入到爱国斗争中去。

在闻一多的积极努力下，不少同学的爱国热情被激发了出来，整个清华加入到轰轰烈烈的五四运动中。在这次抗争中，闻一多负责宣传工作，他不停地拟宣言写传单，组织上街的游行队伍，筹备召开反对卖国条约的示威大会。

1921年6月3日，李大钊和8所大学的教授、讲师、职员上街游行要求北洋军阀政府补发欠薪，保证教育经费，结果遭到镇压。为抗议军阀政府的法西斯行径，北京的大中小学师生一致决定罢教、罢课。闻一多毅然参加了集体罢课、罢教等一系列活动。没想到，他们的这一爱国行为，引起了校方的不满，不久，校方宣布把参加罢课的学生"全体留级一年"，并在学生中分化拉拢，有些学生动摇了，退出了罢课的行列。本来这一年闻一多就要毕业了，而且他的计划是毕业后留美学习，要是闻一多也退出罢课的行列，那么他就可以顺利去美国，可是闻一多和他所在班级的28名同学选择了继续斗争，他说："爱国无罪！我宁肯被开除，也不愿玷污自己作为中国青年的尊严。"结果被留级一年。

1922年，终于毕业的闻一多到了美国求学。他先后在芝加哥、珂罗拉多和纽约的大学里学习美术，同时研究文学和戏剧。在芝加哥学习期间，闻一多到设在林肯公园里的自然博物馆去游玩，发现该博物馆的二楼有一个"中国陈列室"，便前去观看。闻一多一进陈列室的大门就惊呆了，那里陈列的都是极其珍贵的中国文物，闻一多看到这么多宝贝居然在别人的展览馆里展览，十分震怒。他问讲解员："这些中国的文物是怎样跑到美国来的呢?"

"当然是用金钱收买来的啦！"讲解员无所谓地答道。

"收买？金钱？我告诉你，这些都是中国的宝物，是无价之宝！"

"哦，不不，也许是中国人送给美国的吧！"那个讲解员结结巴巴地说道。

“赠送？应该说是掠夺！是抢劫！”闻一多说完这句话，拂袖离去。这件事情对他的打击很大。渐渐地，闻一多发现应该唤醒中国民众觉醒，于是，他将学习的重心从画转向文学之上。当时，有些同他一起到美国的留学生，想留在美国过优越的生活，还对中国产生了厌恶情绪。闻一多就常常提醒他们：“中国人，要像个中国人！”还特地写了一首叫《我是中国人》的诗，来表示对祖国深深的热爱，诗中写道：

伟大的民族，
伟大的民族！
五岳一般的庄严正肃，
广漠的大洋底度量，
春云底柔和，
秋风底豪放！
我没有睡着！
我没有睡着！
我心中的灵火还在燃烧，
我的火焰他越烧越燃，
我为我的祖国烧得发颤。

1923 年，闻一多的第一本诗集《红烛》问世，该诗集充分反映了他的反帝爱国思想。其中《太阳吟》《洗衣歌》《忆菊》最为出名。

忆 菊

——重阳前一日作

插在长颈的虾青瓷的瓶里，
六方的水晶瓶里的菊花，
攒在紫藤仙姑篮里的菊花；
守着酒壶的菊花，
陪着螯盏的菊花；
未放，将放，半放，盛放的菊花。

镶着金边的绛色的鸡爪菊；
粉红色的碎瓣的绣球菊！
懒慵慵的江西腊哟；
倒挂着一饼蜂巢似的黄心，
仿佛是朵紫的向日葵呢。
长瓣抱心，密瓣平顶的菊花；
柔艳的尖瓣攒蕊的白菊，
如同美人底蜷着的手爪，
拳心里攫着一撮儿金粟。
檐前，阶下，篱畔，圃心底菊花：
霭霭的淡烟笼着的菊花，
丝丝的疏雨洗着的菊花，——
金底黄，玉底白，春酿底绿，秋山底紫……
剪秋萝似的小红菊花儿；
从鹅绒到古铜色的黄菊；
带紫茎的微绿色的、真菊，
是些小小的玉管儿缀成的，
为的是好让小花神儿
夜里偷去当了笙儿吹着。
大似牡丹的菊王到底奢豪些，
他的枣红色的瓣儿，铠甲似的
张张都装上银白的里子了；
星星似的小菊花蕾儿
还拥着褐色的萼被睡着觉呢。
啊！自然美底总收成啊！
我们祖国之秋底杰作啊！
啊！东方底花，骚人逸士底花啊！
那东方底诗魂陶元亮
不是你的灵魂底化身罢？
那祖国底高登高饮酒的重九
不又是你诞生底吉辰吗？

你不像这里的热欲的蔷薇，
那微贱的紫萝罗更比不上你。
你是有历史，有风俗的花。
啊！四千年的华胄底名花呀！
你有高超的历史，你有逸雅的风俗！
啊！诗人底花呀！我想起你，
我的心也开成顷刻之花，
灿烂的如同你的一样；
我想起同我的家乡，
我们的庄严灿烂的祖国，
我的希望之花又开得同你一样。
习习的秋风啊！吹着，吹着！
我要赞美我祖国底花！
我要赞美我如花的祖国！
请将我的字吹成一簇鲜花，
金底黄，玉底白，春酿底绿，秋山底紫……
然后又统统吹散，吹得落英缤纷，
弥漫了高天，铺遍了大地！
秋风啊！习习的秋风啊！
我要赞美我祖国底花！
我要赞美我如花的祖国！

1925年，闻一多买了归国的船票，踏上了归程。当轮船行到上海吴淞口时，他换上了中山装，把所有的西服、领带抛进了大海。回到祖国后，闻一多先后在多个学校任教，并于1928年1月，出版了他的第二部诗集《死水》，《死水》一诗表现了诗人深沉的爱国主义激情。

死　水

这是一沟绝望的死水，
清风吹不起半点漪沦。

不如多扔些破铜烂铁，
爽性泼你的剩菜残羹。
也许铜的要绿成翡翠，
铁罐上绣出几瓣桃花；
再让油腻织一层罗绮，
霉菌给他蒸出些云霞。
让死水酵成一沟绿酒，
飘满了珍珠似的白沫；
小珠们笑声变成大珠，
又被偷酒的花蚊咬破。
那么一沟绝望的死水，
也就夸得上几分鲜明。
如果青蛙耐不住寂寞，
又算死水叫出了歌声。
这是一沟绝望的死水，
这里断不是美的所在，
不如让给丑恶来开垦，
看他造出个什么世界。

诗集出版后不久，闻一多同徐志摩、梁实秋等人创办《新月》月刊，而后主要从事教学和学术研究工作。抗日战争爆发后，北京、清华、南开等大学迁到昆明，合并为西南联大，闻一多随学校南迁，其间著作颇多，有《神话与诗》《唐诗杂论》《古典新义》《管子集校》等。在西南联大执教期间，闻一多积极参加中国共产党领导的民主运动，并加入了中国民主同盟，同国民党反动派展开了斗争。

抗战胜利后，蒋介石却阴谋重新发动反人民的内战。为此，西南联大召开了一个晚会，闻一多在会上发言，他说“反动派，你听这些声音：‘人民不要内战，人民不要独裁，人民要民主，要和平！’谁不要人民，人民就不要谁！”同年 12 月，国民党制造了“一二·一”惨案——四名学生被打死，数十名学生被打伤。在四位烈士殡葬的那天，闻一多神色严峻，并在葬仪上致词，用铿锵有力的声音喊道：“我们一定要为死者报仇，要追捕凶手。要追他们到海角天涯，这一辈子追不着，下辈子追不着，下辈还要追，这血债是要还的！”

随着反对独裁内战情绪越来越高，国民党当局开始恐慌，于是，国民党特务于1946年7月11日暗杀了中国民主同盟负责人李公朴。李公朴惨遭杀害后，闻一多冒着生命危险，毅然站出来主持“民盟”的领导工作。当时中共地下党组织和学校师生劝他暂避一时，他坚定地说：“如果李先生一死，我们就停止工作，将何以对死者！将何以对人民！”

1946年7月15日，民盟在云南大学召开“李公朴先生死难报告会”，闻一多毅然出席，会上他还即席发表了他一生中的最后一次演讲，他愤怒指责、痛骂反动派，他说：“你们杀死一个李公朴，会有千万个李公朴站起来！你们将失去千万人民！”他还告诉反动派“争取民主、和平是要付出代价的，我们绝不怕牺牲！”报告会结束后，他还继续工作，直到傍晚，他才在长子的陪同下回到家中。可是，闻一多刚踏进家门，就被早已埋伏在其家中的特务射杀了。就这样，这位伟大的民主战士英勇地倒在国民党特务的枪口之下。

6日后，也就是1946年7月21日，西南联大校友会召开了闻一多先生追悼会，朱自清出席并讲了话，他说闻一多的去世是“民主主义运动的大损失，又是中国学术的大损失。”后来在朱自清的努力下，闻一多的遗稿得以付印，最后编成《闻一多全集》四卷。朱自清还写诗歌颂闻一多先生：

你是一团火，照彻了深渊；指示着青年，失望中抓住自我。你是一团火，照明了古代；歌舞和竞赛，有力猛如虎。你是一团火，照亮了魔鬼；烧毁了自己！遗烬里爆出个新中国！

臧克家称赞闻一多是：“口的巨人，行的高标。”

闻一多被害的消息传到革命延安后，毛泽东主席、朱德总司令立即发电致哀。当时周恩来副主席正在南京同国民党当局谈判，他获悉此消息后，立即致电慰问家属，同时向国民党当局提出抗议，并亲笔写了悼词。

闻一多表现了中华民族的英雄气概，人民永远不会忘记他。

回族抗日英雄——马本斋

在抗日战争中，中国各族人民紧密地团结在一块，组成了广泛的民族统一战线。为了挽救祖国的危亡，各族人民都尽了自己最大的努力。在各地的抗争队伍中，马本斋领导的冀中回民支队，就是令日寇闻风丧胆的一支少数民族抗日武装。

马本斋是河北献县人，回族。抗日战争爆发后不久，他就在家乡组成了河北抗日游击军回民教导总队。不久，这支队伍和吕正操领导的冀中人民自卫军回民干部教导队合并，组成了冀中军区回民教导总队，由马本斋任总队长。回民教导总队在斗争中不断发展，1939 年秋改编为冀中军区三纵队回民支队，由马本斋任支队司令员。

马本斋刚组建游击队那会儿，他们的武器装备非常差，不过这并没有抑制他们游击队的发展。这支队伍战斗力非常顽强，马本斋本人则是智勇双全，在他的带领下，游击队采取了灵活机动的游击战术对付日本侵略军。他们一会儿拔掉一个日军的据点，使得敌人措手不及；一会儿破坏日军的交通要道，使敌人无法运兵运粮，使得敌人头疼不已。1938 年 8 月到 11 月，马本斋领导的回民支队对敌作战 30 多次，每战必胜，一共破坏敌人控制下的铁路 70 多处，颠覆敌军运兵车 20 多次，打死打伤敌人 500 多人。胜利鼓舞了冀中广大的回民兄弟，更多的回族青年积极参军，使回民支队很快发展成为有 1500 多人的大部队。

由于马本斋领导的游击队对日军造成了很大的创伤，因此日本侵略军誓言要“清除”掉这支队伍，马本斋本人更是被他们列入了黑名单当中。因此，在 1938 年末到 1939 年春，短短的几个月的时间里，日军在冀中发动了几次大规模的“扫荡”，而他们的主要目标自然就是马本斋领导的回民支队。为了粉碎敌人的“扫荡”阴谋，回民支队和八路军主力配合作战，用神出鬼没的游击战、地雷战，和敌军在广阔的冀中平原周旋，使敌军动辄挨打，根本找不到八路军和回民支队的主力。

随着日军的日益嚣张，马本斋意识到，被动地躲着敌人不是良策，他觉得应该采取主动出击的方式才能战胜敌人。他认为只有继续不断地打击敌人，才能不断地削弱敌人的力量，使他们无力再组织大规模的“扫荡”和“围剿”。于是马本斋带领着他的回民支队不断地对日军出击，并从敌人的手中夺取了不少的武器装备。

1939 年秋末冬初，马本斋得到可靠情报，知道日本侵略军为了解决自己的粮食困难和卡断抗日游击队的粮食供应，准备派出上千人的队伍四处抢粮。根据这个情报，马本斋制订了一个伏击敌人的计划，他派出一支精悍的队伍，带着自制的土炮、地雷和手榴弹等武器，守候在敌军必经之地，埋伏在公路两旁，等敌军大队人马刚过去一半，就对其进行拦腰袭击。没想到这一作战方法还真的非常有效，竟使日军误以为是八路军的主力部队来了。结果，走在前面的日军赶快往回撤，走在后面的日军又赶忙往前逃命，两部分的日军相遇，由于看不清对方，竟将对方当成八路军，自相打了起来。一旁埋伏的回民支队，瞧着他们打得差不多的时候，一连朝他们掷过去上百个手榴弹，日军顿时被炸得血肉横飞。这一仗，回民支队歼敌 300 多人，击毁敌人汽车 8 辆，缴获了大批新式武器。

1940 年夏，回民支队依靠当地民兵的协助，对盘踞康庄的日军进行突然袭击。在 1 个多小时的战斗中，速战速决，消灭日军 66 人，缴获平射炮 1 门、重机枪两挺、步枪 50 多支和许多弹药。等敌人的大部队闻讯赶来增援时，马本斋早已率领回民支队胜利转移了。

此后，马本斋领导的回民支队依然四处打击日本侵略军，日军自然对其恨得牙痒痒，可是却苦无办法。1941 年夏，日军在又一次对冀中根据地进行大“扫荡”失败后，派兵包围了马本斋的家乡，并且逮捕了马本斋的母亲，企图以此来胁迫马本斋屈从于他们。只是这帮强盗不明白伟大的儿子是由伟大的母亲孕育的，马本斋的母亲根本就不理睬日本侵略者的要挟，她用绝食来激励儿子要抗战到底。

马本斋得知母亲绝食而亡的消息后，内心异常悲愤，更加痛恨日本侵略军，他强忍悲痛写下“伟大母亲虽死犹生，儿定继承母志，与日本人血战到底!”的壮语。接着，他带领着回民支队，继续转战于冀中平原、冀鲁边区和冀鲁豫边区，奋勇杀敌。然而在这样艰苦的抗战岁月当中，马本斋的身体也受了很大的影响，1944 年初，马本斋突发急性肺炎，被送至山东莘县的后方医院去治疗。该年的 2 月 7 日，马本斋因医治无效去世，时年 42 岁。

马本斋去世后，党中央在延安为他举行了追悼会，总参谋长叶剑英高度赞扬了他光辉的斗争经历和卓越的军事指挥才能；毛泽东敬献“马本斋同志不死”的挽联；周恩来题词“民族英雄，吾党战士”；朱德总司令挽联“壮志难移，汉回各族模范；大节不死，母子两代英雄。”同年，献县抗日民主政府将东辛庄改为本斋村。新中国成立后，党中央将马本斋的故乡命名为“本斋回族自治县”。1954 年将他的遗体迁至石家庄市华北军区烈士陵园。

马本斋和他的母亲为了抵御日寇，做出了伟大的牺牲，他们是爱国的典范，是我们学习的榜样。

傲雪红梅——江竹筠

江竹筠就是人们熟悉的《红岩》中“江姐”的原型。江竹筠，四川省自贡市大山铺江家湾人，1920 出生于一农民家庭，1939 年加入中国共产党。1949 年 11 月 14 日，年仅 29 岁的江姐被国民党反动政权的残余势力秘密杀害。她的狱中难友用这样的诗句赞颂她“你是丹娘（前苏联卫国战争时期的女英雄）的化身。你是苏菲娜（俄国的一位女英雄）的精灵。不，你就是你。你是中华儿女革命的典型。”因为她在狱中关怀狱友，参与领导狱中斗争，所以被狱友亲切地称为“江姐”。

江姐 8 岁时随母亲背井离乡，逃荒到了重庆，10 岁时进一家袜厂当童工。贫苦动荡的生活，磨炼出她那钢铁般的性格。加入共产党后，她作为党的一名地下工作者，在异常艰险的环境里，同敌人进行着不屈不挠的斗争。

江姐的丈夫彭咏梧是重庆地下党的领导人之一，他们二人本是按党组织的要求，扮作夫妻，组成一个“家庭”，以此来掩护他们所秘密从事的地下工作。两人因共同的理想越走越近，最后正式结为连理。可是结婚后的他们，反而因为工作经常天各一方，很少生活在一起，就连刚满周岁的儿子，也被他们寄养在一位战友的家里。为了革命的事业，他们将这一切都看成是理所当然的。

1948 年，在四川省东部，彭咏梧在组织武装暴动时不幸牺牲。敌人残暴地割下他的头颅示众。噩耗传来，江姐难过极了，但她强忍着巨大的悲痛，毅然要求接替丈夫的工作。她说："这条线的关系只有我熟悉，我应该在老彭倒下的地方继续战斗。"组织上同意了她的请求。

可是江姐接下工作不久，就由于叛徒的出卖，不幸被捕。在押往重庆码头的途中，她碰巧遇到了已经成了叛徒的原中共川东地委书记涂孝文，立即机智地大声呵斥叛徒，使得叛徒无法再伪装害人。国民党特务头子徐远举听说江姐是彭咏梧的妻子，亲自来审讯她，妄图从她嘴里打开地下党组织的缺口。在审讯她之前，徐远举让人在审讯室里摆满了刑具——老虎凳、吊索、电刑机器、有刺的钢鞭、水葫芦、火背篼、撬杠等，想给江姐一个下马威。徐远举以为这样就可以吓唬到江姐了，接着他一连向江姐提了十多个问题，江姐回答他不是"不知道"，就是"不认识"。到后来，干脆连一个字也不说。

徐远举见江姐如此"敬酒不吃，吃罚酒"，十分生气，接着面目狰狞地对着江姐说，要是她再不"合作"的话，就要对其用刑。他没有想到的是，江姐根本就不吃他那一套。恼羞成怒的徐远举于是下令给江姐上刑。特务们拿来一把特制的四棱筷子，用力夹在江姐的几个手指间。江姐疼得几乎昏了过去，可她仍坚定地对敌人说："你们可以整断我的手，杀我的头。要我说出组织，永远办不到！"特务见状再用力夹，江姐疼得昏了过去。被凉水泼醒以后，她更坚定地说："筷子不行，把刀子拿来。你们这是野兽行为。你们以为刑具是万能的，我看是无用的！"

江姐虽然被他们折磨得死去活来，可是敌人仍然无法得到他们需要的"口供"。几天后，敌人趁江姐的旧伤还没有痊愈，又用竹筷子一次次猛夹她的手指，见她疼得汗流满身，仍不开口，就残酷地把竹签子钉进她的指尖。江姐疼得几次昏死过去，可一旦醒来，仍忍着十指连心的疼痛，怒斥敌人："你们简直是一群野兽……你们是枉费心机，永远也达不到你们的目的……"

敌人把各种各样的刑具都给江姐用上了，但是始终没有得到他们想要的东西。渣滓洞牢房里的难友们都知道了江姐的英勇事迹，对她十分的钦佩。每次江姐被抓去受刑，他们的心就提到嗓子眼上，不知道敌人又要用什么刑具来折磨她；每次江姐受刑回来时，大家就隔着囚室的风门，流着热泪，向她投去无限崇敬和关切的目光。当大家含泪慰问江姐时，江姐对大家说："毒刑拷打，那是太小的考验。竹签子是竹子做的，共产党员的意志是钢铁铸成的！"以此来鼓励自己和大家。

江姐的不屈的精神、坚强的意志，为渣滓洞里的全体狱友树立了一个良好的榜样，使得渣滓洞也成了一个战场，渣滓洞里的200多位受难者形成了一个统一的战斗集体，他们中没有任何一个人在敌人面前屈服。

1949年11月14日，处决的时刻来了，江姐脱下囚衣，换上自己的旗袍，从容不迫地和难友们告别。江姐去了，然而她却留下了中华儿女不畏强暴、誓死保家卫国的英雄气概。

八女英灵，永垂不朽——八女投江

1938年秋天，以冷云为首的东北抗日联军八名女官兵，在顽强抗击日本侵略军的战斗中投江殉国，史称"八女投江"。这八位英勇的女战士分别是西征队伍中妇女团的指导员冷云，班长胡秀芝、杨贵珍，战士郭桂琴、黄桂清、王惠民、李凤善和被服厂厂长安顺福，当时她们当中年纪最大的冷云只有23岁，而年龄最小的王惠民仅有13岁。为了纪念这八位抗日女英雄，弘扬中华民族爱国主义精神，牡丹江市建起了一座"八女投江纪念碑"，在奠基典礼上，时任全国政协副主席、全国妇联主席的康克清为工程奠基题词："八女英灵，永垂不朽！"

冷云是这8名女英雄中的大姐，她于1934年加入了中国共产党，1936年加入东北抗联第5军，两年后她随5军1师部队西征，并任妇女团政治指导员。在西征队伍中，妇女团的战士们和男战士一样跋山涉水，英勇作战。

1938年10月，西征队伍在牡丹江地区乌斯浑河渡口与日伪军千余人遭遇。已行至河边准备渡河的妇女团的八名成员，为掩护大部队突围，毅然放弃渡河，在冷云率领下，她们八人分成3个战斗小组，与日伪军展开激战。在她们的掩护下，部队主力得以迅速摆脱敌人的攻击，可是她们自己却被敌人团团围住了。当时她们中有人负了伤，敌人的人数众多，她们根本没法突围，在这种情况下，她们依然毫不退缩，誓与敌人血战到底。

经过一段时间的抵抗之后，她们已经没有弹药了，日伪军也发现了她们的这一窘境，于是便一个劲地喊："抓活的!"敌人的包围圈越来越小。面对日伪军的逼降，几位女英雄根本不为所动，他们已经做好牺牲的准备了，冷云坚定地对大家说："同志们，我们是共产党员、抗联战士，宁死也不做俘虏！为祖国的解放而战死，是我们最大的光荣!"接着她们毁掉枪支，挽臂涉入乌斯浑河……日伪军还不死心，他们疯狂地向江中射击，企图阻止她们过江，以便生擒几位女英雄。八位女英雄对身边的枪弹毫不理会，她们相互搀扶着，拖着负伤的身子，高唱着《国际歌》，一步步向江中挺进，直到江水将她们吞没。

现今位于黑龙江省牡丹江市区中心太平路南端的江滨公园，其中矗立着的"八女投江烈士群雕"，还一直在诉说着"八女投江"的爱国故事。无数人从四面八方走到这里，为的不仅仅是瞻仰她们，还为了学习她们的精神，将她们的爱国精神一代代传承下去。

第二章　单者易折，众则难摧

千人同心，则得千人力；万人异心，则无一人之用。

——《淮南子·兵略训》

周公吐哺，天下归心

周公旦，周文王之子，武王之弟，因封地在周，故人称其为周公。周文王时，周的国力大增，已有同殷商争天下的实力，文王逝后，武王即位，在周公旦的辅助之下，武王灭了商王朝，建立了周。

灭了殷商之后，面对如何处置殷商遗民和上层贵族的问题，武王一时间拿不定主意，于是就和大臣商议，武王先问姜太公，姜太公说："我听说过，爱屋及乌。如果相反，人不值一爱，那么村落里的篱笆、围墙也不必保留。"意思是不光杀掉殷纣，连敌对的殷人也不能保留，而要统统杀掉。武王觉得这样做不合适，于是又问召公，召公说："有罪的杀，没罪的留下。"武王还是觉得不妥，于是再问周公旦，周公旦说："让殷人在他们原来的住处安居，耕种原来的土地。争取殷人当中有影响有仁德的人。"武王觉得周公旦的建议很好，这样一来就可以化解民怨了，于是，武王就放了俘虏来的殷商贵族，还帮助殷民修整战火中被破坏的房子，并将商纣王囤积在鹿台上的钱财分给殷民，开仓赈济饥饿的殷民。

这些做法和商纣王的做法完全相反，使得很多原来受商纣王残暴统治的百姓有了安身之所，也可以好好过日子，缓解了当时的社会矛盾，对当时刚建立的周王朝的稳定起了非常重要的作用。

灭商之后，武王由于日夜操劳身染重病，在临终之前，武王要把王位让给周公旦，可是周公旦不肯接受。不久武王离世，武王之子——太子诵继位，是为成王。当时成王年幼无知，而且周朝刚刚建立百废待兴，周公旦就只好担起辅佐幼主之责——他以冢宰的身份摄行王事，修订制度、严明法纪。

周公旦摄政引起了另一个人的不满，那就是管叔，他是武王的弟弟，周公旦的哥哥。武王灭了殷商之后，将原来殷商直接统治的地方分成三个部分，分别由纣王之子武庚、武王之弟蔡叔、管叔掌管，史称“三监”。管叔见自己年长，而摄政的却是周公旦，心中不服，有意争权，于是散布流言：“周公将不利于孺子（成王）”，意思是说周公旦有野心，将要谋害成王，篡夺王位。

当时这个流言在周朝内外传得沸沸扬扬的，不少人开始怀疑周公旦的用心，就连平日一向贤明的姜太公和召公也开始怀疑他了……

一天，召公和姜太公向他提出要到封地去。周公大吃一惊，忙问二人原因。二人答：“外面早已议论纷纷，说你独揽大权，只等有朝一日自立为天子。既然如此，我们还留在此地干什么？”周公一听，心中十分难过，不过为了国家社稷，周公没有计较这些，他告诉姜太公和召公说：“我之所以不避嫌疑代理国政，是怕天下人背叛周室，没法向我们的先王太王、王季、文王交代。三位先王为天下之业忧劳甚久，现在才刚成功。武王早逝，成王年幼，只是为了完成稳定周朝之大业，我才这样做。”为了表明自己的决心，他让自己的儿子伯禽代自己到鲁国受封。周公告诫伯禽说：“我是文王的儿子、武王的弟弟，成王的叔父，在全天下人中我的地位不算低了。但我却洗一次头要三次握起头发，吃一顿饭三次吐出正在咀嚼的食物，起来接待贤士，这样还怕失掉天下贤人。你到鲁国之后，千万不要因有国土而骄慢于人。”

不久管叔、蔡叔鼓动武庚一起叛周，原来同殷商关系密切的几个徐、奄、淮夷等几十个大小方国也起来响应，史称“三监之乱”。对于此次叛乱，周公早有准备，他授权给姜太公，征讨所有不服周朝管辖的各个诸侯国，然后自己带领一部分人马，对付“三监”。三年过去了，周公终于平定了叛乱，将武庚斩首。管叔见大势已去，无颜再见周公，只好上吊自杀。周公念蔡叔无知，只把他们流放贬职。接着周公旦收服殷之遗民，封康叔于卫，封微子于宋，让他奉行殷之祭祀。周公讨平管、蔡之后，乘胜向东方进军，灭掉了奄（今山东曲阜）等五十多个国家，把飞廉赶到海边杀掉，平定了淮夷及东部其他地区，诸侯都宗顺周王朝，从此周的势力延伸到海边，至此周王朝才算是稳定下来了。

周公旦东征之后，觉得镐京在西边，要控制东部的中原地区很不方便，于是又在东部新建了一座都城——洛邑（今洛阳）。至此周朝有了两座都城。都城建好之后，周公旦将在战争中俘获的大批商朝贵族即“殷顽民”迁居洛邑，对他们严加监督，让康叔驻守故商墟，以管理那里的商朝遗民，并且嘱咐他到了那里之后，要勤政爱民。康叔到殷墟后，牢记周公旦的叮嘱，生活俭朴，爱护百姓，使当地吏民安居乐业。之后，他又推行了一系列的措施，用以巩固和加强周王朝的统治。

周公旦帮助成王执政 7 年，进一步巩固了周朝的统治地位。在这 7 年当中，周公旦也树立起自己的威信，在众臣眼里俨然就是天子，周成王对此也常常惴惴不安。就在这时，周公旦将政权还给了成王，他觉得成王已经长大了，能够自主处理国事了。之前，周公旦代替成王行使王权的时候，面对南面，接受诸侯的朝拜，还政于成王之后，周公面向北站在臣子之位上，仍谨慎恭敬如履薄冰。

成王当政后，有人说周公旦的坏话，周公旦便离开了都城，逃到了楚地。周公离开后，成王发现了一篇祷词，祷词写道：“王少未有识，奸神命者乃旦也。”大概的意思是：成王年幼没有主张，冒犯神命的是我，如果上天要降什么灾祸的话，请降到我的身上。原来，当初那是成王年幼的时候，生病了，周公就剪下自己的指甲沉入河中，向神祷告而留下的祷文。成王看了祷文后，感动得泪流满面，于是迎回周公旦，继续向他讨教国家大事。

周公旦回到都城后，怕成王年轻，为政荒淫放荡，就不断地向成王提出告诫，而成王也能听进他的忠告。后来周公旦患病，弥留之际他说：“我死后一定要把我埋葬在成周，表示我不敢离开成王，臣服于成王。”周公死后，成王也谦让，最后把周公葬于毕邑，伴随文王，来表示成王不敢以周公为臣。

周公旦光明正大的德行被后人代代传颂着，为了周王朝的巩固，他先是劝说武王善待殷民，后又顶着压力，一心辅助成王，毫无私心，难怪人说：“周公吐哺，天下归心”。至今，在洛阳市劳动人民公园附近还有一座周公庙，记录着周公一生不朽的功勋！

将相齐心，保家卫国

蔺相如，生于哪一年不详，赵国宦官头目缪贤的家臣，战国时期著名的政治家、外交家、军事家，相传为河北曲阳人。蔺相如，战国时期赵国上卿，在强秦意图兼并六国、斗争逐渐尖锐的时候，不仅凭借着自己的智慧和勇气，让秦国的图谋屡屡受挫，更难得的是，他有容人之量，以大局为重，“先国家而后私仇”，是一位胸怀广阔的政治家。

廉颇是赵国的优秀将领。赵惠文王十六年，廉颇做赵国的大将去攻打齐国，把齐国打得大败，夺取了阳晋，被任命做上卿，凭他的勇猛善战在诸侯各国之间出了名。

赵惠文王时，赵国得到了楚国的“和氏璧”。秦昭王听说了这件事情后，派使者前往赵国给赵王送了一封信，告诉赵王秦国愿意用15座城池和赵国换和氏璧。赵王和大将军廉颇等一帮大臣商量：如果将和氏璧给秦国，赵国恐怕还是得不到秦国的城池，白白地受秦国欺骗；如果不给，又怕秦国攻打赵国。因此，拿不定主意，想找个可以出使秦国作回复的人也没有找到。

正当左右为难之际，宦官头目缪贤对赵王推荐了自己的门客——蔺相如。原来，有一次缪贤曾经犯了罪，私下打算逃跑到燕国去。蔺相如阻止了他，并给他分析情况并告诉他，燕王不会收留他而且还会绑了他将他送回齐国，要是自动向赵王坦白自己的罪行，可能还会受到赦免。缪贤想了一想，觉得蔺相如说得有道理，于是便留了下来。后来的事情也按蔺相如所估计的那样发展。因此缪贤告诉赵王，蔺相如是一个有勇有谋的人，可以担任出使秦国的任务。

赵王听了以后，决定见见这个蔺相如，见了面后，赵王和蔺相如讨论“以璧换城”的事情。

蔺相如说：“秦国强，赵国弱，不答应不行。”

赵惠文王说：“要是把和氏璧送了去，秦国取了璧，不给城，怎么办呢?”

蔺相如说:“秦国拿出十五座城来换一块璧玉,这个价值是够高的了。要是赵国不答应,错在赵国;要是大王把和氏璧送了去,而秦国不交出城,那么错在秦国。我们宁可答应秦,让他们担这个错。

赵惠文王说:“那么就请先生上秦国去一趟吧。可是万一秦国不守信用,怎么办呢?”

蔺相如说:“秦国交了城,我就把和氏璧留在秦国;要不然,我一定把璧完好地带回赵国。”

秦昭王在章台(秦宫名,旧址在今陕西西安市西水)接见蔺相如,蔺相如双手捧璧,恭恭敬敬地献给秦王,秦王接过璧。展开锦袱观看,果然纯白无瑕,宝光闪烁,雕镂之处,天衣无缝,真不愧是稀世之宝,于是非常高兴,又依次递给妃嫔、文武大臣和侍从们欣赏,众人都啧啧称赞,欢呼“万岁”,向秦王表示祝贺。

蔺相如站在朝堂上等了老半天,也不见秦王提换城的事。他知道秦昭王不是真心拿城来换璧。于是蔺相如上前对秦昭王说:“这块璧虽说很名贵,可是也有点小毛病,不容易瞧出来,让我来指给大王看。”

秦昭王听后,信以为真,就把和氏璧交给他,蔺相如接过璧,迅速后退几步,身子靠着柱子,愤怒得青筋都冒了出来,帽子上的带子也断了。只见蔺相如义正词严地对秦王大声说道:“大王想要这块美玉,写信给赵王,答应用十五座城来交换,当时赵王召集文武大臣商议,都说秦国贪得无厌,仗着势力强大,想用几句空话骗取赵国的宝玉。大家都不同意把璧送来。可我却认为:即使老百姓交朋友,尚且互不欺骗,何况秦国是个堂堂大国呢?再说也不能因为一块璧的缘故而伤了两国的和气。赵王采纳了我的意见,并且还斋戒了五天,写了国书,然后派我作使臣带着宝玉到秦国来。态度如此恭敬。可大王却在一般的离宫接见我,而且态度又这样傲慢。大王把这么贵重的宝玉,随便递给宫女侍从们观看,分明是在戏弄我,也是对赵国不尊敬。我看大王并没有用城换璧的诚意,所以我把它要了回来,如果大王一定要逼迫我,我情愿把自己的脑袋和这块宝玉在柱子上撞个粉碎。”说罢,举起和氏璧,眼瞅柱子,作势向柱子砸去。

秦昭王怕蔺相如把璧砸坏,赶忙赔礼道歉,请他不要那样做;一面叫来掌管地图的官员送上地图,秦王摊开地图对蔺相如说,从这里到那里的十五座城，准备划归赵国。蔺相如想到秦王现在不过是装装样子而已，绝对不会把城给赵国，于是又对秦王说："这块和氏璧，是天下公认的宝贝，赵王非常喜欢，可因为害怕秦国势力强大，不敢不献给秦王。在送走这块璧的时候，赵王斋戒了五天，还在朝廷上举行隆重的仪式。现在大王要接受这块璧，也应该斋戒五天，然后在朝廷上举行九宾之礼，我才能把璧献给大王。"秦王想到璧在蔺相如手里，不好强取硬夺，便答应斋戒五天，然后，又派人送蔺相如到广城宾馆去休息。

到了宾馆，蔺相如想到秦王虽然答应了斋戒五天，但一定不会真把城给赵国，于是就选了一名精干的随从，让他穿上粗布衣服，打扮成普通老百姓，揣着和氏璧，悄悄地从小路连夜赶回赵国去了。再说秦王假装斋戒了五天，就在朝廷上设下隆重的九宾之礼。两边文武大臣排立，传下命令，要蔺相如来献璧。

蔺相如走上朝廷，对秦王行了礼说："秦国从秦穆公以来，已经有21位国君了，没有一个是讲信用的。我怕受大王的欺骗而对不起赵国，所以早派人带璧离开秦国，恐怕现在早已到赵国了。"秦王听了，十分恼怒。蔺相如仍旧从容不迫地说："今日之势，秦强赵弱，因此大王一派使者到赵国要璧，赵国不敢违抗，马上就派我把璧送来。现在要是秦国真把15座城割让给赵国以换取和氏璧，赵国哪敢要秦国的城邑而得罪大王？欺骗大王，罪当万死，我已不存生还赵国之望，现在就请大王把我放在油锅里烹死吧，这样也能使诸侯知道秦国为了一块璧的缘故而诛杀赵国的使者，大王的威名也能传播四方了"。

秦昭王见自己的阴谋被蔺相如识破，却也无可奈何。而秦王左右的大臣卫士，有的建议把蔺相如杀掉，但被秦王喝住了。秦王说："现在即使把蔺相如杀了，也得不到璧，反而损害了秦赵两国的友谊，也有损秦国的名声，倒不如趁机好好招待他，让他回赵国去。"

于是秦王依旧按九宾之礼在朝廷上隆重地招待了蔺相如，然后客气地送他回国。以后秦国一直不肯把15座城割给赵国，赵国自然也就没有把璧送给秦国。

公元前282年，秦国派大将白起攻取了赵国的简（今山西离石县西）和祁（今山西祁县）两块地方。次年，秦国又派兵攻占了赵国的石城（今河南朴县西南）。又过了一年，再向赵国进攻，两国交战，赵国损失了两万多军队，但秦军的攻势也被遏止了。

公元前279年（赵惠文王二十年），秦昭王想和赵国讲和，以便集中力量攻击楚国，于是派使者到赵国，约赵王在西河外的渑池（今河南渑池县境内）见面，互修友好。赵王害怕，想不去，大将军廉颇和上大夫蔺相如商议，认为赵王推辞不去不好，就劝赵王去："秦王约您会议，如果大王不去，那就显得赵国力小而胆怯了，还是去好。"赵王听从了廉颇、蔺相如二人的建议，蔺相如也随着赵王一起去了。

廉颇带领大军把赵王送到边境，临分手，对赵王说："这次大王去渑池，路上来回的行程，加上会见的时间，估计前后不会超过30天。为了防止意外，要是过了这个日期大王还未回来，请允许我们立太子为王，以断绝秦国扣留大王要挟赵国的念头。"赵王同意了。廉颇还在边境上布置了大量的军队，防备秦国的进攻。

到了渑池，见到秦王，双方行过礼，便在筵席上叙谈，酒到中巡，秦王对赵王说："我听说你喜欢弹瑟，我这里有瑟，就请你弹一支曲子助助兴吧！"赵王不敢推辞，只好弹了一曲。这时，秦国的御史走了过来，在简上写道：某年某月某日，秦王和赵王在渑池宴会，秦王命赵王弹瑟。

蔺相如见此十分不高兴，他走上前对秦王说："赵王听说秦王擅长击缶（瓦盆），我这里有个缶，请你敲敲缶让大家高兴高兴。"秦王听了勃然大怒，不肯答应。蔺相如又端起缶走过去，献给秦王，秦王还是不肯敲。蔺相如就说："现在我离大王只有五步，如果大王不答应，我拼着一死，也要溅你一身血。"意思是要和秦王拼命。

秦王的侍卫看到秦王受到胁迫，慌忙拔出刀来，要杀蔺相如。蔺相如瞪着双眼，大喝一声，吓得侍卫连连后退，秦王心里很不高兴，也只好勉强在缶上敲了几下。蔺相如回头叫来赵国的御史，也把这件事情记下来：某年某月某日，赵王和秦王在渑池宴会，赵王命秦王敲缶助兴。

秦国的大臣们见秦王没有占便宜，就说："请赵王献出十五座城地为秦王祝福！"蔺相如也不示弱，说："请秦王拿咸阳（秦国都城，今陕西咸阳县东）为赵王祝福！"

一直到酒筵结束，蔺相如为了维护赵国的尊严，机智勇敢地同秦国君臣周旋着，没让秦国占到赵国的一点便宜。秦国也知道廉颇率领大军驻扎在边境上，使用武力也得不到好处，便只好恭恭敬敬送赵国君臣回国。此后，秦、赵间暂时停止了战争。

赵王回去后，因为蔺相如有功，所以封拜蔺相如为上卿，官位在廉颇大将军之上。

廉颇因此心中不快，很不服气，说：“我作为赵国的将军，有攻城野战的大功，而蔺相如仅凭几句话，官位就位居我之上。而且蔺相如出生低贱，我不能忍受官位低于他。”并且扬言要是他见到蔺相如的话，一定会当面侮辱蔺相如。

蔺相如知道这件事情后，不愿意和廉颇相见，便处处留意，避让廉颇，上朝时假称有病，以便回避。有一次，蔺相如乘车外出，远远望见廉颇的车子迎面而来，急忙叫手下人把车赶到小巷里避开。蔺相如的门客便以为相如害怕廉颇，非常气愤，对他说，他们要离开他。

蔺相如挽留他们，并问他们：“依你们看来，是廉将军厉害呢，还是秦王厉害呢？”

门客们说：“当然是秦王厉害了。”

蔺相如说：“对了，秦王这样威焰万丈，我却在朝堂上斥责他，侮辱他的臣子们，难道我就单独害怕一个廉将军吗？不过我想，强暴的秦国之所以不敢对赵国用兵，正是因为有廉将军和我两个人在啊，如果两个老虎相搏斗起来，那情势发展下去，一定不能一起生存，这正合秦国的心意，我对廉将军一再退让，正是以国家利益为重，把私人恩怨的小事抛在脑后啊！”

蔺相如这番话，使他的门客极为感动。他们也学习蔺相如的样子，对廉颇手下的人处处谦让。

这件事终于传到了廉颇的耳中，廉颇为相如如此宽大的胸怀深深感动，更觉得自己十分惭愧。于是脱掉上衣，在背上绑了一根荆杖，请人领到相如家请罪，并沉痛地说；“我是个粗陋浅薄之人，真想不到将军对我如此宽容。”

蔺相如见廉颇态度真诚，便亲自解下他背上的荆杖，请他坐下，两人坦诚畅叙，从此誓同生死，成为至交。而秦国也因为赵国有蔺相如和廉颇而很长时间不敢对赵国有所冒犯。

昭君出塞，胡汉一家

在中国，一位女子的美貌可以用“沉鱼落雁”或是“闭月羞花”来形容。传说“沉鱼”“落雁”“闭月”“羞花”是用来形容中国古代的四大美女。而“落雁”讲的就是西汉时期汉元帝时的宫女——王昭君。两千多年来，以王昭君为题材的戏剧、诗歌层出不穷，到了现代又有人将她的故事搬上了银屏。

王昭君，名嫱，西汉时南郡秭归人（今属湖北），生于公元前 52 年。公元前 36 年，王昭君被选入宫，后为汉朝和匈奴族的友好而自请出塞和亲。在文人们的笔下，王昭君被描绘成因为不向宫廷画师毛延寿行贿而被故意画丑，所以不得见帝，然而实际上昭君却是一位有胆有识的巾帼英雄。昭君出塞缓解了西汉和匈奴之间的矛盾，给国家带来了数世的安宁。

自西汉建立之后，朝廷一直受到匈奴的侵扰，到了汉元帝时期，匈奴在塞北称雄已有近 150 年的时间，匈奴自其冒顿单于以来一直自誉为“天之骄子”，与西汉王朝分庭抗礼。从汉高祖到文、景二帝时，由于国家初建，百废待举，因此对匈奴族的侵扰只能采取和亲、岁给缯絮衣物的羁縻政策。到了汉武帝时期，当时国家强盛，面对匈奴的侵扰，强势的汉武帝进行了大规模的反攻，大将霍去病更是在狼居胥山（在今内蒙古五原县西黄河北岸）给匈奴以沉痛的打击，使得匈奴不敢再对西汉边境进行侵扰了。

到公元前 60 年，汉宣帝时期，匈奴单于虚闾权渠去世，匈奴贵族内部因为继位问题而发生分裂。到了公元前 57 年，匈奴内部出现了“五单于争立”的混战局面。在这五个单于当中，呼韩邪单于和郅支单于的力量较大，呼韩邪单于在混战中渐渐地显示出他的实力，在权利斗争中取得了初步的胜利。然而，他也付出了很大的代价，混战后，他的部众就只剩下几万人了。不久他又被郅支单于打败而陷困境。

在这样危机的情况之下，呼韩邪单于接受了左伊秩訾王的建议，率部南下附汉。呼韩邪单于先送自己的儿子到西汉做人质，他自己则于公元前

51 年入西汉朝廷，朝见了汉宣帝。汉宣帝以高于诸侯王的礼节接待了他，史料记载：当时汉宣帝特地派人前往迎接他的到来，朝见时则“赐以冠带衣裳、黄金玺绶及锦绣杂帛 8 千匹、絮 6 千斤”。当时汉宣帝还同意让呼韩邪单于及其子民在漠南光禄寨一带生活，同时还调拨边谷粮食用以救济匈奴人民。西域各国听到匈奴和汉朝和好了，也都争先恐后地同汉朝打交道。

后来，郅支单于也派自己的儿子到西汉当质子，不过他不讲信用，为人好斗，在西迁之后，不断骚扰西域各国。不仅如此，他还将西汉派遣送他儿子回家的使者杀死。这时候汉宣帝已经死了，即位的是他的儿子刘奭，即为汉元帝。汉元帝得知郅支单于侵犯西域各国，杀汉使，非常震怒，于是派西域都护甘延寿及其副将陈汤发兵攻打郅支单于，并一路打到康居，诛杀了郅支单于。

郅支单于死后，匈奴已经没有其他人的势力可以威胁到呼韩邪单于了，但是为了巩固自己的地位，呼韩邪单于于是在公元前 33 年第三次朝见了西汉君王，而且还向汉元帝提出了和亲的要求。汉元帝答应了呼韩邪单于的要求，并决定从宫女中选人与其成亲。

汉元帝答应了呼韩邪单于后，便让人向宫中的各宫女传旨，寻找愿意出嫁匈奴的宫女。一般情况下，和亲的女子要么是公主，要么是帝王宗室的女儿，因此汉元帝允诺众宫女，只要愿意嫁去匈奴，皇帝就将她当公主看待。可是当宫女们听旨后却无人应声，个个跪在地上默不作声。因为在当时人们看来塞外就是蛮夷之地，而匈奴自是野蛮之人，而且听说塞外生存环境差——匈奴人人习攻战侵伐，自君王以下均食畜肉、衣皮革、被旃裘。虽然宫女的生活也算凄苦，然而对这些宫女来说远嫁大漠则更是她们所不愿的。就在前来宣旨之人为无人应答而为难之际，王昭君站了出来，说自己愿意成为和亲使者。宣旨之人很高兴，便将圣旨交给了王昭君，自己向皇帝复命去了。

王昭君接过圣旨，心想自己入宫数年连皇帝的面也没能见上，与其就这样老死在宫中，还不如应诏和单于成亲，说不定自己能帮助双方修好，不再兴兵。如果真能这样即使远离故土，葬身荒漠也无怨无悔了。

汉元帝得知王昭君应诏之后，非常开心，也很赞叹她的勇气，于是兑现自己的诺言，准备丰厚的嫁妆，准备以公主之礼嫁昭君。同时，元帝还命人择吉日让呼韩邪单于和王昭君在长安成亲。

王昭君同呼韩邪单于成亲那日，呼韩邪单于先朝见元帝。元帝也命王昭君上殿与呼韩邪见礼。王昭君上殿之后，汉元帝见她貌美如花，端庄有礼，仪态万方，不禁也为之倾倒。他暗自吃惊自己的后宫当中居然有如此才貌双全的美人，而自己却从未听说过……汉元帝此时怅然若失，意欲将王昭君留下，可是面对群臣，不敢失信，只得祝贺呼韩邪单于得配佳人。呼韩邪单于激动万分，他感谢汉元帝给准备的丰厚嫁妆，更感谢把这样美的女子嫁给他。他再次拜伏朝堂，表示决不负汉家厚恩。随后又上书说：愿保（边）塞上谷以西至敦煌，传之无穷，请罢边备塞吏卒，以休天子人民。西汉朝君臣相信这是真诚的誓言。为此这一年改元为“竟宁”，即边境从此安宁之意。

呼韩邪单于带王昭君离长安时，汉元帝举行盛宴相送。王昭君带着汉家的厚望，跟随单于在一队队车毡细马的簇拥下，肩负着汉匈和亲之重任，别长安、出潼关、渡黄河、过雁门，历时一年多，于第二年初夏到达漠北，开始了住穹庐、食畜肉、饮湩（乳）酪的生活。王昭君的到来受到了匈奴人民的热烈欢迎，呼韩邪单于本人对她更是又敬又爱，封她为“宁胡阏氏”，意思是给匈奴族带来安宁的皇后。

王昭君从不因为单于对她好而骄纵，相反的她对单于也谦恭有礼，并善待单于周围的人。她努力学习当地的语言，并且渐渐习惯当地的风俗。她经常劝导单于牢记汉朝厚恩，维护两族和好，使天下人安乐，呼韩邪单于也肯听从她的劝告。不久，王昭君为她和呼韩邪单于生了儿子，取名为伊屠知牙师（后封为右日逐王）。从此，王昭君更加努力地传播汉文化，并且和呼韩邪单于的其他妻妾友好相处，就连婢女们也都非常喜欢她，跟她学习缝衣刺绣。

呼韩邪单于病故之后，其长子雕陶莫皋继位，称为复株累单于，他一向敬慕王昭君，按匈奴习俗：“父死妻其后母”，于是就要求娶王昭君为妻。王昭君认为这是有悖伦常的事情，于是给西汉当时的皇帝——汉成帝写信，请求“归汉”。汉成帝接到王昭君的信后，便和朝中大臣们商议此事，最后他们一致认为，王昭君既然嫁到匈奴，还是服从匈奴习俗为妥。于是汉成帝下令王昭君不得归朝，并要她嫁给复株累单于，他还让送信的人告诉王昭君，作为一个和亲使者，若不能遵其习俗，那就不仅伤害单于的感情，而且直接影响两族间的友好。王昭君无奈，只好听从汉成帝的命令，嫁给了复株累单于，继续履行其和亲使命，以成全汉匈两族的友好事业。

王昭君与复株累单于成婚之后，生活和睦，复株累单于对昭君更是怜爱有加。后来王昭君和复株累单于生了两个女儿，长女名须卜居次，次女名当于居次（“居次”意为公主）。她经常教育儿女，一定要继承前辈开创的基业，为汉匈两族的繁荣昌盛而努力。

王昭君逝世后，她的后人秉其遗志，继续为汉匈两族的和平友好而奔走。汉平帝时，须卜居次曾入侍太后。西汉末王莽篡权后，实行错误的民族政策，汉匈关系日趋紧张，以至剑拔弩张时，汉匈双方的交涉也大都通过王昭君的亲属来进行。汉族方面由王昭君之侄和亲侯王歙及其弟骑都尉展德侯王飒为使者，匈奴方面则是她的女儿须卜居次和女婿须卜当（任匈奴用事大臣）以及外孙须卜奢、醢椟王等出面。不过后来王昭君的儿子与东汉交恶，被窦宪追击。

昭君出塞，使汉匈60年没有发生过战争。史载北方边境“自宣帝以来，数世不见烟火之警，人物殷盛，牛马布野”，呈现一派繁荣兴旺的景象。王昭君的事迹被后人传颂，她的功绩永载史册。

王昭君逝世之后，匈奴人民为她筑起了高高的坟冢，冢上芳草茂盛、牛羊不食、霜寒不枯、终年常绿，被称做“青冢”。今位于内蒙古呼和浩特市南大黑河畔的王昭君墓地，碑刻林立，已辟为旅游胜地，每年有成千上万的各族人民去游历、凭吊。历代歌咏她的诗词数不胜数，青冢之上更是刻着：

一身归朔漠，
数代靖兵戎。
若以功名论，
几与卫霍同。

清代女诗人郭漱玉亦称赞王昭君：

竟抱琵琶塞外行，
汉家议就和戎策，
非关图画误倾城，
差胜防边十万兵。

天可汗——唐太宗

唐太宗，唐朝的第二位皇帝，祖籍陇西成纪人（今甘肃静宁成纪乡人），伟大的军事家，卓越的政治家。唐太宗为唐高祖李渊之次子，在唐朝的建立过程中立下了赫赫战功。唐朝建立以后，李世民因战功显赫被封为尚书令、右武侯大将军，进封秦王。因功高受到了其兄李建成的妒忌，受到排挤，李建成更是想除之而后快。李世民不甘示弱，先发制人，并于唐高祖武德九年（626年）发动“玄武门之变”，除掉李建成。不久，唐高祖李渊让位于他，就这样李世民便做了唐王朝的第二位皇帝。

李世民即位后任用贤臣，并确立了“安百姓”“重人才”“强政治”的治国思想，他通过调整统治政策，缓和阶级矛盾，稳定社会秩序，恢复经济。到了贞观八九年时，百姓丰衣足食，夜不闭户，道不拾遗，整个国家出现了一片欣欣向荣的景象。在他在位的23年里，唐朝的经济得到了空前的发展，军事力量强大，社会安定，政治清明，百姓生活富裕，整个国家出现了前所未有的繁荣发展，因此人们称其统治的这段时间为“贞观之治”。除此以外，他还不断抗击外来侵略，同时奉行夷汉一家的政策，是历史上民族关系最为良好的时期，在促进民族团结和融合中做出了巨大的贡献，他是中国历史上第一个、也是唯一一个被尊为“天可汗”的人。

可汗是秦汉时匈奴族和隋唐时突厥族对首领的称呼，而天可汗则是指至高无上的可汗的意思。唐太宗无愧于这个称呼，在处理民族关系上，他可谓是一位伟大的人物，他曾经说过：“自古皆贵中华，贱夷狄，朕独视之如一，使之如依父母。”他不仅这么说了，而且还这么做了，在他的一生当中，他一直努力加强对西北等地区的管辖，努力密切国内汉族与少数民族之间的联系。

当时在唐统一中原各地之时，在北方广大地区有一支散居的游牧民族——突厥。突厥原属匈奴北部，后分东西——东突厥和西突厥。由于社会物质生活条件和生活方式以及历史文化背景等方面的差异，更由于贵族统治阶级的争夺，他们与中原王朝之间的关系时好时坏。隋朝时期，隋朝曾与之有过和亲，双方关系一度交好。隋末，战火不断，中原地区群雄并起，双方之间的利益关系无法维持平衡，因此双方关系再次变僵。李渊父子起兵之时，李家军队曾经和突厥各部通使，并且协议互不侵犯，这样他们就可以集中力量和精力灭隋平天下。李渊父子一直坚守承诺，不扰突厥，即使到了建立大唐国号，国势日盛也不违背当初的盟约。但是到了李世民当政的时候，东突厥颉利可汗背信弃义，派兵滋扰唐边境，而且还支持反唐势力。李世民知道后，决定讨伐东突厥，安定唐边境。

当时唐国富兵强，不久就打败了颉利可汗的军队，活捉了颉利可汗，而颉利可汗的十万部众也归顺了唐。颉利可汗被抓到长安，李世民对他竭诚相待，下诏封其为右卫大将军，并将其被唐军所俘的家属放了，让他们一家团圆，还赐良田美宅给他们一家，让其依旧享受优厚的生活待遇。颉利死后，李世民还追封他为归义郡王。对于突厥贵族，李世民也没有奴役他们，而是让他们迁居长安，并且还给他们建造居住的房屋，让他们能够安心在长安定居。至于那些投诚的将领，李世民从他们中间选出500位骁勇善战的，担任将军和中郎将等武职，他们当中官品在五品以上的就超过了五分之一。对于突厥百姓，李世民让他们依旧在原来的地方生活，而管理他们的也是突厥的旧部。

在处理东突厥的问题上，李世民遵循唐高祖李渊遗训——新申好睦，对于突厥降众一个不杀，一个不辱，东突厥人民对他很是佩服。

对东突厥如此，那么对西突厥呢？其实，西突厥和唐的关系一向很好，因此双方没有什么争执。唐初时期，后来的西突厥泥孰可汗之父到过长安，并与李世民结交，两人更是结拜成为兄弟，一直交往密切。等到李世民登基做了皇帝后不久，泥孰接过汗王之位。泥孰成为西突厥可汗之后，遣使出访唐，并且请求内属，李世民很高兴，立即答应了他们，并且给他们优厚的待遇。

西突厥内属后不久，契苾何力部因受吐谷浑的威胁也请求内属，曾经反对过颉利反唐，而后遭到薛延陀攻击的阿史那社尔部也请求内属。李世民一一应允，并分别封他们为左领军将军和左骁卫大将军。后来他还把衡阳公主嫁给阿史那社尔，此人后因平高昌有功，受赐战利品中的高昌王宝刀，并被加封为毕国公。

李世民对突厥各部的开明态度也得到了回报，大部分突厥人民对他都很感激。贞观四年（630 年），突厥各部首领更是一起到长安朝见他，并尊其为“天可汗”。到了贞观二十年（646 年），居于西北广大地区的回纥等十余部又重申李世民为“天可汗”。

突厥的问题解决之后，李世民开始着力应付吐蕃的问题。唐军打败了吐蕃后，当时年轻有为的松赞干布派使者向李世民谢罪求和。其实松赞干布一向仰慕唐的文化，希望能够和大唐和亲。李世民先是没有答应，可是松赞干布一直不肯放弃和亲的想法。七年后，他再一次派大相禄东赞到长安求亲，一方面被松赞干布的执著打动，一方面和亲有利于汉藏关系向友好的方向发展，于是李世民答应了和亲一事。不久李世民便将聪明能干的宗室女文成公主嫁给松赞干布，并且准备了丰厚的嫁妆，这些嫁妆都是无价之宝，其中有各种典籍、历法、医药和各种工艺品，而陪嫁的队伍更是包容了各个行业的能工巧匠。文成公主进藏后，为汉藏民族的融合作了伟大的贡献。松赞干布娶得公主后，特建了布达拉宫给公主住。松赞干布也一直以女婿的身份和唐相处，双方修好，几十年不再有战争。后来唐出使吐蕃的使者王玄策路经天竺被劫，松赞干布立即发兵救使臣，还大败天竺军队。

李世民除了加强国内汉族与少数民族间的联系外，还加强了与各国的友好往来。当时唐朝政府还设立流所（性质与现今的使馆差不多），开放边境和关口。当时全国各地都有来自国外的“侨民”，各国使臣纷纷来到中国一睹其风采。当时的长安城人来人往，非常热闹。当时大唐除了接受大批的外国移民、商人外，还接收了一批又一批的外国留学生来中国学习先进文化，日本便是在此期间派了大量的贵族子弟前来学习。这些日本留学生回国后，在日本进行了一次改革，改变了日本落后的局面。

贞观二十三年（649 年），李世民过世，内属各部族都派专使前往长安吊唁，居丧守灵。松赞干布派专使吊唁，并向刚继位的唐高宗表示：“天子初即位，若臣下有不忠之心者，当勒兵以往。”唐高宗很感动，并“镌其像于石，列于太宗昭陵”，契苾何力和阿史那社尔都亲向高宗请求殉葬昭陵。后经婉言劝阻，才算作罢。

李世民一生胸怀大局，他的民族和外交政策取得了辉煌的胜利，使得当时各族人民都能和睦相处，他重用的少数民族将领阿史那思摩、执思失力、契苾何力、黑齿常之等都为唐朝做出了杰出的贡献，在他们身上正好反映出李世民民族政策的光辉。即使在今天，人们依旧非常称赞李世民，更有人称其为“千古一帝”。他无愧于“天可汗”的称号。

文成公主和松赞干布

文成公主是唐太宗皇族的女儿，吐蕃族首领松赞干布之妻。松赞干布则是历史上最有名的藏王。文成公主和松赞干布夫妻二人为汉藏人民的团结作出了非常重大的贡献。

6世纪以前，西藏高原上有许多小邦，后来，经过互相兼并，逐渐发展成两个大邦，一个居住在西藏高原南部，叫吐蕃，另一个居住在西藏高原北部，叫苏毗。620年，吐蕃邦的赞普（吐蕃王号）论赞索乘苏毗邦发生内乱的机会，发兵打败了苏毗邦，统一了西藏高原。统一西藏高原后，论赞索准备进行改革，加强王权，只是他的改革计划还没开始执行，他就被一些守旧的贵族给毒死了。论赞索死后，他唯一的儿子松赞干布即位做了赞普。这一年松赞干布只有13岁。

松赞干布很聪明，而且从小就受到了良好的教育，并且他的成长年代刚好是其父南征北讨、创功立业的年代，松赞干布在耳濡目染之下，对治理国家也很有一套。松赞干布即位后，对父亲的死表面上不动声色，下毒的人也以为他只是一个小孩，没有什么作为，就放松了警惕。实际上，松赞干布一直在暗中调查是谁谋害了父亲，不久就查出了下毒之人，并且诛杀了这些人，安定了吐蕃的内部。不久之后，他又亲自统率大军，平定了外地造反的贵族，把他们赶出原先居住的地区，接收了他们的土地、奴隶和军队。这样一来，松赞干布作为赞普的力量就大大超过了贵族的力量，为以后的改革奠定了基础。

632年，松赞干布开始着手建立统一的国家机构。为了管理的方便，他将都城迁到了逻些（现在的拉萨），因为逻些位于西藏高原的中心，将国都迁到这里有利于对四方的控制和管理。

接下来是改革国家行政制度。在松赞干布之前，吐蕃王国，实际上仍然是一个奴隶主贵族的军事联盟体。每个贵族都有自己的领地、家臣和军队，他们对赞普只尽纳贡的义务，而领地内部的事情则可以独自处理，不受干涉。松赞干布改变了这种制度，建立了完备的、以赞普为中心、高度集权的政治和军事机构。他将吐蕃全境划分为四“茹”，“茹”下有“支茹”，“支茹”下面是“千户所”。“茹”和“支茹”的长官都由政府任命，再下面的官员才由当地贵族担任。各千户所的士兵都要登记造册，不能更改扩充，军队调动必须有赞普发下的金箭为凭证。这样一来，地方权力就被大大削弱了。同时，松赞干布还制定了新的法律、税制，任用贤明的大臣，采取许多措施鼓励百姓学习和运用先进生产技术，发展农牧业生产，使吐蕃的社会经济和人民生活迅速呈现中兴之势。

为改变吐蕃人没有自己的文字、靠刻木结绳记事的落后面貌，松赞干布派出16名贵族子弟到印度学习，他们学成回来，根据梵文字母，创制了30个藏文字母。由于松赞干布的大力提倡和带头学习，这种藏文很快得到推广应用。从此以后，政府的公文、法令都可以用文字记录了。

当松赞干布平定内乱，统一诸部，建立起强大的吐蕃王国的时候，中原地区的李唐王朝在唐太宗的治理下，正处于“贞观之治”的盛世时期，西域各国纷纷与唐通好。吐蕃和中原地区早就有密切的经济、文化联系。松赞干布知道李唐是中原大国，地域辽阔、经济发达、文化先进，因此十分钦慕，希望能和李唐建立起长远的亲密关系。

于是在634年，松赞干布便派遣使者到唐朝通好。唐太宗热情、隆重地接待了吐蕃的使者，而且为了表示李唐对吐蕃友好的重视，唐太宗也立即派使者持书信前往吐蕃致意。松赞干布非常高兴，和大唐一样，他也用隆重的仪式接待了唐的使臣。松赞干布听说西域诸国有娶唐朝公主为妻的，因仰慕唐的文化，松赞干布也起了娶唐公主为妻的想法。于是，他便派遣使者带着大量礼物，随唐朝使者入朝上表求婚。可是这第一次求婚失败了，因为唐太宗没有答应他的请求。

松赞干布第一次求婚虽然遭到了拒绝，可是他并未因此而与唐交恶，而且为了表明自己与李唐交好的诚意，他又一次派人向大唐求亲。640年吐蕃宰相禄东赞，带着丰厚的聘礼，到唐求亲。禄东赞人很聪明，口才又好，他向唐太宗李世民陈述了吐蕃赞普仰慕中原大国，渴望同唐朝结亲的心情和诚意。唐太宗听了禄东赞的话后，便同朝中大臣商议此事。当时吐蕃在松赞干布的治理下，已经是一个强国了。经过商议之后，唐太宗认为两国联姻的确可以为两国带来好处，至少对唐朝西部边界的安定会有很大好处，因此同意吐蕃的请婚，并决定把文成公主嫁给松赞干布。

文成公主，名李雪雁，唐太宗宗室女，其父李道宗为唐太宗族弟。文成公主美丽大方，知书达理，生长在皇室中的她从小就受了良好的教育，诗词歌赋无一不通，无一不精。唐朝子民一向笃信佛教，文成公主也不例外，她虔诚礼佛，诵读了不少佛经。在得知自己即将远嫁之后，文成公主并未沉浸在即将远离父母、疆土的哀伤之中，而是悉心筹划未来。她召见了前来请婚的使者禄东赞，了解吐蕃物产、风俗。

641年，文成公主在父亲——唐太宗族弟李道宗，以及吐蕃迎亲专使禄东赞的陪同下，从长安出发前往吐蕃。唐太宗为文成公主准备了丰厚的嫁妆——释迦佛像，珍宝，金玉书橱，360卷经典，各种金玉饰物，多种烹饪食物，各种花纹图案的锦缎垫被，卜筮经典300种，识别善恶的明鉴，营造与工技著作60种，100种治病药方，医学论著4种，诊断法5种，医疗器械6种，还携带各种谷物和芜菁种子等，除此之外，陪嫁队伍也十分庞大，有工技及各种工匠数百人之众。文成公主带着这些汉族先进文化和生产技术，进藏传给吐蕃人民。

文成公主的送亲队伍一路浩浩荡荡，而文成公主即将进藏的消息传到吐蕃后，吐蕃人民兴高采烈，松赞干布更是亲自到柏海（今青海玛多）迎接公主。不仅如此，松赞干布与李道宗相见时，对其行子婿之礼，并按唐的礼制举行迎亲仪式，仪式十分隆重。李道宗完成了护送公主入蕃的任务，告别了公主和松赞干布，返回长安。文成公主继续往西走。

文成公主和松赞干布回到逻些城后，整个逻些城举行了盛大的庆祝活动，松赞干布更是高兴异常，他对部属说："我族我父，从未有通婚上国的先例，我今天得到了大唐的公主为妻，实为有幸，我要为公主修筑一座华丽的宫殿，以留示后代。"之后，松赞干布果然为文成公主建了一座宫殿，那就是布达拉宫。

文成公主在吐蕃定居以后，就亲自和随从人员、工匠一起向当地人民传授汉族人民先进的农耕技术及手工业生产技术，还把历法、医学、工程技术等介绍给吐蕃人民。文成公主和她的侍女们还向吐蕃妇女传授纺织、刺绣等技术。松赞干布对中原工匠的工作非常满意，下令免除他们的差役，这条规定后来就一直延续下来。而随文成公主到来的文士们，为吐蕃的政治走向正规化也贡献了不少的力量，松赞干布对此非常高兴，于是便要求大臣和贵族子弟诚心诚意地拜文士们为师，学习汉族文化，研读他们带来的诗书，而且还遣派许多贵族子弟到唐朝学习中原文化，并请中原的学者到吐蕃为他掌管文书奏章。

松赞干布自从娶了文成公主后，一直把自己看成是大唐王朝的女婿。他上书给唐太宗和唐高宗，表示要尽臣下的职责。后来他果然几次出兵，帮助唐朝政府平定了一些地方上的叛乱。

648 年，唐太宗派长史王玄策出使吐蕃，前去探望远嫁的文成公主。王玄策出使队伍途经天竺国时，遭到了天竺人的抢劫。王玄策带着少量人马侥幸逃出，然而所带的大批绢帛物品以及其他陪同的人员都被掳走了。王玄策等逃出后，迅速跑到吐蕃并说明了情况。松赞干布一听，非常恼怒，认为天竺国是有意挑衅，破坏他与李唐的关系，于是立即派兵讨伐天竺，大败对方之后，救回了唐朝使臣及随从人员。

唐太宗死后，唐高宗继位，唐高宗一上任便授松赞干布为驸马都尉，封西海郡王，并且派特使送去大量的金银、绢帛、诗书、谷种，并特为文成公主送去了饰物和衣物，用以奖励她和亲的功德。松赞干布对此表示感谢，为了表示自己和唐友好的决心，还让人送去了珠宝十五种，用于祭奠唐太宗。唐高宗对此非常感动，又封其为宾王，赐彩帛三千段，还同意教吐蕃的使者造酒、碾米和制造纸笔墨砚的技术。

不久，松赞干布去世，文成公主则一直居住在西藏，继续为汉藏团结努力。680 年，在松赞干布去世 30 年后，文成公主也离开了人世，吐蕃王朝为她举行隆重的葬礼，唐遣使臣赴吐蕃吊祭。吐蕃人更是到处为她立庙设祠，以志纪念。一些随她前来的大唐工匠也一直受到丰厚的礼遇，他们死后，也纷纷陪葬在文成公主墓的两侧。至今拉萨仍保存藏人为纪念她而造的塑像，距今已 1300 多年历史。

文成公主在吐蕃生活了 40 年，为汉藏人民的友好关系和发展藏族的经济文化作出了贡献。她热爱吐蕃族人民，吐蕃族人民敬仰她，这就使汉藏两族人民的关系更加亲密。松赞干布一生也是功绩卓著，他通过和唐朝公主的联姻，使藏族人民和汉族人民之间建立起亲密的关系，增进了两个民族的相互了解和友好往来，为中华民族大家庭的形成，作出了巨大的贡献。

巾帼英雄第一人——冼夫人

冼夫人，岭南人士，她生活的时代为梁、陈、隋三个朝代。冼夫人出身于俚族冼姓大家，生年不详。她酷爱兵书，不仅武艺高强而且精通韬略、知书达理。535年，梁武帝时期，冼夫人与高凉（今广东阳江西）太守冯宝结婚，婚后常和冯宝一起处理政事。冼夫人的一生致力于维护国家统一和民族团结，是一位卓越的女政治家和军事首领，她保持了岭南110多年的和平稳定，促进民族的融合和地方经济发展。周恩来总理曾称她是我国历史上“巾帼英雄第一人”。

冼夫人，幼年时叫冼百合，冼氏家族在岭南地区非常有势力，冼家世代为岭南一部落的首领，管辖着十几万户的人家。冼夫人自幼就非常聪明，而且非常有谋略，她从小就随父兄参加部族间的斗争，颇有男儿气概，稍长更得异人传授武艺及韬略，不但能够挽弓执刀与敌人拼斗，而且深谙行军布阵之法，深得同族的器重和信赖。当时，岭南地处偏僻，民风不开化，当地人更是喜欢相互攻击斗狠，冼夫人的兄长也常常自恃富强而欺负旁边的郡县。冼夫人知道这样会造成民愤，于是，常常规劝兄长和其他亲族之人不要再扰民，而且要他们多做善事。大家听了她的话，渐渐地停止争斗，冼夫人因此得到了当地人民的爱戴，而且声名远播，就连儋耳（今海南）诸部落民族也望风归附。

梁武帝时，罗州（今化州市境内）刺史冯融听说了冼夫人有才行，于是便向冼家提亲，希望冼家能将女儿嫁给自己的儿子冯宝。时冯宝新任高凉郡太守，因其生得一表人才，又是官宦世家，冼氏部族自然是欢天喜地答应了这门亲事。

冼夫人成为太守夫人后，帮助丈夫一起处理政事，建立威望，原来高凉一带的俚族首领都不大听汉朝地方官吏的话，有时候还干犯法的事，冼夫人就帮助冯宝约束俚族首领，不许他们乱来，即使是其家族之人犯罪也不徇私。慢慢地，俚族首领们也服从汉族地方官吏的管理了。在冼夫人夫妇二人的努力之下，高凉地区被治理得井井有条。

梁武帝末年（547～551年），羯族首领侯景起兵反梁，梁武帝召大臣商议消灭叛军之事，尚书羊侃建议立刻派人防守采石要地，使侯景不得渡江。再命劭陵王率军袭取寿春，这样侯景叛军进退失据，乌合之众自然溃散。可是当时朝廷中很多目光短浅的无能之辈认为这是多此一举，他们认为侯景不敢过江，而梁武帝竟然听信了这些胡话，于是采石要地竟然无人防守。梁武帝更是派了与侯景有勾结的临贺王萧正德为平北将军，讨伐侯景。萧正德表面上忙于备战，暗地里却帮助侯景顺利渡江，把梁武帝围在小小的台城。

这时广州都督萧勃征兵火速赴援，高州（治所在高凉）刺史李迁仕早就心存二意了，不仅不予讨伐，反欲协同侯景叛梁。他先是借口有病在身，迟迟不肯发兵，接着又急召冯宝，想利用冯宝的军马为反叛之用。冯宝不明就里，意欲前去见李迁仕，冼夫人却告诉他说："刺史突然召你前往，必然逼你一起反叛朝廷。"劝其不要前去见李迁仕，并且分析说："刺史被召援助平叛，可是他却称病不行，私下里却积极整囤兵马，显然有谋叛之意。而且，他还在这个时候传唤你，如果你真去了的话，他一定会将你扣留在那，然后用你手下的兵士。他的意图很明显，你如果前去的话就中了他的计了，你还是先不要去了，先等一等，我们静观其变吧。"

没有几天，李迁仕果然起兵反梁，还派遣其手下的大将杜平虏率兵去助侯景一臂之力。冯宝知道这件事情之后，就告诉了冼夫人，夫妻二人一起想办法对付叛军。冼夫人认为，杜平虏出城前去增援侯景，一定将高州城中的精兵都带走了，一时半会儿回不了城，而留下的李迁仕守的只是一座空城，自然无所作为，于是建议丈夫准备丰厚的礼物，以犒军名义带千名勇士入高州城，一举攻下李迁仕的老巢。冯宝听从了冼夫人的建议，让众勇士挑着礼物前去见"慰问"李迁仕城中的将士，李迁仕以为冯宝真的给他送礼物来了，非常开心，根本就没有对他设防。几千勇士进城后，突然亮出兵刃，平定了叛军，占领了高州城，李迁仕狼狈逃窜。接着冼夫人还率兵前去与长城侯陈霸先在湖石会师，击溃杜平虏的叛军。

冼夫人还非常有眼光，她曾与冯宝说，陈霸先非常受将士的爱戴，一定可以平定叛乱，要冯宝好好地帮助他。之后冼夫人返回高凉，陈霸先继续领兵北上。不久，他就平定了侯景之乱，并在战争中扩大了自己的势力，控制了朝廷大权。557年，他把梁朝最后一个皇帝梁敬帝废掉，自己当了皇帝，建立了陈朝。

当时，长江流域烽火不断，但是岭南地区因为有冼夫人的帮助治理，而没受什么烽火之苦。569年，冯宝死去。陈朝初建，岭南的一些少数民族部落趁着陈朝刚刚建立，力量还不强的机会，纷纷起兵叛乱。在此之际，冼夫人就以俚族首领和太守夫人的身份，跑遍了好几个州，劝说那些起兵的首领停止叛乱。有好些人都接受了她的劝告。岭南地区安定以后，冼夫人又带着刚刚9岁的儿子冯仆和俚族的许多首领，到京城去朝见陈霸先。陈霸先听说岭南已经安定，真有说不出的高兴，陈霸先想起当年平定杜平虏之时，冯宝对自己提供的帮助，现在冼夫人又帮他稳定了岭南的局势，于是封冼夫人的儿子冯仆为阳春（现在广东省阳江西北）太守。

不久，广州刺史欧阳纥起兵背叛朝廷，欲胁迫冼夫人一同反叛，并骗押冯仆为人质。她把儿子的性命和国家大局加以权衡，毅然起兵平叛，她就近联络岭南各部族首领一起攻打欧阳纥，欧阳纥战败，冯仆被救出。平定欧阳纥之乱后，陈霸先因冼夫人平叛有功，所以封冯仆为信都侯，加平越中郎将，转任石龙太守，冼夫人也被册封为"石龙太夫人"，权职待遇一律照比刺史。

陈被隋灭后，隋虽然结束了南北朝时对峙的局面，但隋朝的军队还没有到达岭南，岭南地区也尚未归附，为了维持地方安宁，当地人民便推举冼夫人为地方首领，让她管理岭南地区，并尊称她为"圣母"。

后来隋文帝派遣韦洸前往岭南，准备接管下该地区。这时，陈朝的豫章太守徐璒领着人马在南康（现在江西赣县西南）据守，韦洸不敢继续前进。隋文帝的儿子杨广听说后，让陈朝的亡国皇帝陈后主给冼夫人写了一封信，告诉她陈朝已经亡了，要她归附隋朝，还把陈亡以前冼夫人送给陈后主的扶南犀杖作为信物。冼夫人目睹犀杖，知道陈朝已经灭亡，于是率众前去迎接韦洸，归附隋朝。从此，隋朝的统治势力才达到岭南地区。隋文帝为了嘉奖冼夫人，于是破格提升其长孙冯魂为仪国三司，册封冼夫人为"宋康郡夫人"。

韦洸完成宣抚任务后，并没有立即回朝，而是留在了岭南。韦洸到达广州的第二年，有一个叫做王仲宣的岭南人便联络一些部族首领围袭韦洸。冼夫人得知此事之后，派孙子冯暄率兵前往救援，王仲宣则让部将陈佛智挡住冯暄的援军。

不想冯暄与叛党陈佛智关系一直很好，他一见陈佛智守在前面，因此停留，迟迟不进兵。冼夫人知道这件事情后，怒不可遏，派人将冯暄绑了回来，并将他关进监狱，然后再命幼孙冯盎为前锋前去援助，自己则率兵作为后援，冯盎杀了陈佛智，祖孙二人合力很快就平定了这次的叛乱。从此以后，岭南一片宁静，再也没有什么叛乱了。

隋文帝非常赞赏冼夫人的功绩，于是追赠早已过世的冯宝为番州（隋建立后，改广州为番州）总管，追封他为谯国公，冼夫人被封为“谯国夫人”。谯国夫人虽然不是什么官位，但却比照总管衙门，设置幕僚机构和属官，并颁予印信兵符，全权指挥岭南六州兵马，且给予一项特殊权利，即遇到紧急事故，可以不先奏报朝廷而便宜行事。

当时朝廷除了让冼夫人坐镇岭南地区之外，还派了赵讷为番州总管，帮助冼夫人一起管理岭南地区。可是这个赵讷却是一个十足的贪官，而且十分暴虐，当地人对他更是怨声载道。岭南各地于是纷纷上奏朝廷，例数赵讷的种种不法之事，有些地方甚至以此为由叛离朝廷自立。隋文帝立即下诏冼夫人，让她就近惩治赵讷，并招抚诸部族。冼夫人果不负隋文帝所托，先是处置了赵讷，接着跟随裴矩巡视岭南各州各郡，宣达圣旨，他们每到一个地方，当地的少数民族领袖都来拜见，裴矩根据隋朝政府的命令，分别任命他们为各级地方官吏，岭南从此安定下来。

冼夫人虽然历事三朝，却能在烽火连年，兵祸接连中保岭南地区不受战火的波及。这除了因为岭南尚属化外之地，不是兵家必争之处外，也是因为冼夫人的领导。她明大体、识大义、安抚百姓、绥靖地方，岭南地区的安定繁荣达半个世纪。她把梁、陈、隋三个朝代赠给她的礼物，分 3 个仓库妥善保管。每逢过年过节，她就把这些礼物拿出来，陈列在大厅里，对子孙们说：“我历经三朝，一心为国，这些东西，就是证据。你们将来一定不能干对不起国家的事情，辜负我的一片忠心。”冼夫人逝后，朝廷追赠她为“诚敬夫人”。

现在，每年农历二月初九至十九，海南省琼山市新坡镇和海南省不少的地方，都会举行民间祭祀活动，纪念冼夫人。当年冼夫人曾带兵平定海南黎族动乱，后来又奏请朝廷建置崖州，使海南与中原恢复了直接联系。接着，她还为海南当地的百姓引进种植技术，帮助他们发展生产，使当地群众过上太平日子。为纪念她维护国家统一、黎汉民族团结的功绩，后人在琼山市新坡镇修建了冼夫人庙。

1989年，冼夫人纪念馆在冼夫人庙旧址建成并对外开放。馆的正门上分别镶嵌“巾帼英雄”“岭南风流”“懿范”等大匾额，格外引人注目。大厅正殿上，有冼夫人的彩绘，尺寸与真人相仿，身穿袍套，神采奕奕。其前放置香案、八仙桌和落地香炉，两侧陈列古代八种兵器。每年庙会和军坡节活动都在这里举行，热闹非凡。

土部万里归故土

土尔扈特是我国西北厄鲁特蒙古的四部之一，原游牧于新疆塔城西北的额什尔努拉一带，是一个勤劳、勇敢，有着光荣历史的部落。

为了避免与日益强大的准噶尔部的纷争和对其屈从，而保持自己的独立性，同时，也为了避免来自沙俄的不断侵扰，而过和平安定的生活，大约在17世纪初（明万历末），土尔扈特人离开故土，开始向西南方向转移，并越过哈萨克草原和乌拉尔河，于1630年左右到达当时尚未被沙皇俄国占领的伏尔加河下游、里海之滨。这片人烟稀少的草原，水草丛生，在土尔扈特人看来，自然是极好的牧场，他们开始在那里开拓家园，劳动生息，建立起游牧民族的封建政权——土尔扈特汗国。

土尔扈特人在伏尔加河流域，生活了140多年，到了18世纪60年代，他们又决心返回故土，因为他们发现这里不再是他们理想中的乐园，因为他们面临的是正疯狂向外扩张，并妄图称霸全球的沙皇彼得一世的征服和奴役。

沙皇先是对土尔扈特人发动武装进攻，但遭到坚决抵抗。于是，沙皇便改变策略，妄图用其他办法使土尔扈特人臣服在他的脚下。首先是政治，土尔扈特汗国的体制是汗王决定一切，在汗王之下有一个叫做扎尔固的机构。沙俄政府想要改组扎尔固，并把它的权力上升到和汗王一样，那么在权力上，这对土尔扈特汗王是一个很大的威胁。然后沙俄政府又让大量的哥萨克移民向东扩展，不断缩小土尔扈特的游牧地，使得土尔扈特畜牧业发展受到了极大的限制。更令土尔扈特人无法接受的是，沙俄想从精神上奴役他们，妄图迫使土尔扈特人由笃信黄教（即喇嘛教）改信天主教（即东正教）。而且沙俄每次对外侵略扩张的时候，就向土尔扈特人强行征兵。随着沙俄侵略势力不断扩大，战争越来越多，土尔扈特汗国的青壮年也越来越少。当时沙俄与土耳其军交战，这场战争持续了21年之久，土尔扈特人在这场战争中损失巨大，伤亡惨重，被征的土尔扈特人只要走了，十有八九回不了家。但这一切都没有使土尔扈特人屈服。

1761年，17岁（一说19岁）的渥巴锡继承汗位。这时正值沙俄卡德琳二世统治时期。这个女皇对土尔扈特人的压迫剥削比彼得一世更为野蛮残暴，对土耳其的大规模战争就是她发动的。这位女沙皇企图用这场战争征服土耳其，另外也可以趁此机会消灭掉一直不肯向她屈服的土尔扈特人。不过她的计划似乎出了点问题，因为土尔扈特人是不受奴役的。

其实土尔扈特人一直与清政府有密切的来往——自顺治到乾隆的近百十年间，他们曾数次派专使，甚至经过两年多的跋涉才到达北京，向朝廷入贡。这使康熙皇帝深受感动，嘉奖了来使。他们请求去西藏、青海“熬茶礼佛”，清政府也一一应允并加以护送。他们还向乾隆帝表示：“非大皇帝有令，安肯自为人臣仆!”。由此可见，土尔扈特人一直都在怀念故乡，不忘自己是中华民族中的一分子。在饱受了沙俄的欺凌之后，他们就更加想念祖国了。

1767年，渥巴锡就曾在一个小型的绝密会议中，提出东归故土。但是土尔扈特人民毕竟在伏尔加河流域生活了一个多世纪，要所有的百姓都放弃那块土地，并不是一件容易的事情。1770年，在伏尔加河下游草原的一个秘密地点，渥巴锡再一次主持召开了绝密会议，会议决定土尔扈特人民将要离开沙皇俄国，返回祖国去。

1771年1月4日，渥巴锡召开动员大会，他对土尔扈特全体战士说，如果土尔扈特人再不进行反抗，脱离沙皇俄国，就将沦为奴隶的种族。动员大会非常成功，土尔扈特人决定回归祖国。但是这个消息却被泄露了，沙皇的人知道了土尔扈特人即将东迁。为此，渥巴锡不得不提前采取行动，加快回归的步伐。他们本来计划携同左岸的一万余户同胞一道返回故土。不巧的是当年竟是暖冬，河水迟迟不结冰，左岸的人无法过河。渥巴锡等领导人只好临时决定，右岸的三万余户立即准备行装出发。第二天，他们在“我们的子孙永远不当奴隶，让我们到太阳升起的地方去”的悲壮誓言声中，丢弃一切不能带走的东西，开始了中外历史亘古罕见的返回祖国的艰苦征程。为了表示决心，渥巴锡带头点燃了自己的木制宫殿，接着无数村落也燃起了熊熊烈火。这种破釜沉舟的悲壮之举，表现了土尔扈特人将一去不返，同沙俄彻底决裂的决心。

土尔扈特东归的消息，很快传到了圣彼得堡。沙皇俄国女皇叶卡德林娜二世哪能容许这样的事情发生，于是，她立即派出大批哥萨克骑兵，去追赶东去的土尔扈特人，同时把留在伏尔加河左岸的一万余户土尔扈特人严格监控起来。

渥巴锡得知有追兵前来后，立刻将所有的人马分成三路——以巴木巴尔和舍楞率领精锐部队为开路先锋，以达什敦多克和书库尔洛桑丹增大喇嘛率领的其余领主队伍为两边侧翼行走，而渥巴锡本人则带领一万多名土尔扈特断后。

东归的土尔扈特队伍很快穿过了伏尔加河和乌拉尔河之间的草原，接着他们烧毁了阻击他们的库拉多斯卡亚、卡尔梅科夫、莫达山区和索罗奇科夫等防线的哥萨克据点。当他们进入了哈萨克草原，准备向恩巴河挺进的时候，走在外侧的一支土尔扈特队伍，被哥萨克骑兵追上了，因为土尔扈特的队伍带着牲畜，走得比较分散，因此受到了很严重的打击，有九千多名的土尔扈特人牺牲了。泪别亡灵之后，东归队伍继续前行。当时，哥萨克骑兵占据了东归必经的奥琴峡谷，不过这次他们没有那么幸运了，勇敢的土尔扈特人在渥巴锡的带领下，怀着为九千多被害的同胞报仇的心情，狠狠地对哥萨克军队进行了反击，让他们付出了代价。

东归之路是曲折而又艰难的，土尔扈特人除了要面对沙俄军队的阻击，他们还遭到严寒、瘟疫、饥饿的袭击。东归路上不断有人死去，而回归家园的路还很遥远，在这样的情形下，有些人对能否返回祖国失去了信心。这时候土尔扈特的大喇嘛书库尔洛桑丹增带来了来自活佛的旨意，他告诉大家：“最近这两年是我们回到佛召唤的中国最好的时机。如果我们不把握机遇秉承佛的旨意而走回头路，我们每一步都会碰到亲人和同伴的尸骨。俄罗斯是奴隶的国度，而中国是我佛万民的理想之邦，让我们奋勇前进，向着东方，向着东方。”渥巴锡也站出来，鼓舞大家一定要坚持，并且对大家说："我们宁死也不能回头！"

土尔扈特人又继续前进，可是挑战依然在等待着他们，因为在他们前方哈萨克小帐努尔阿里汗部的人马正等着和俄罗斯的军队，一起堵截他们。在这个紧要关头，渥巴锡一边修书给努尔阿里汗，请求讲和，一边暗中下令让土尔扈特迅速过捷尔萨康河。由于渥巴锡处理得当，再加上沙俄出兵时耽误了一些时间。于是当他们赶到捷尔萨康河时，土尔扈特的队伍早就过河了。沙俄军队因为远离故乡，水土不服，无法继续追击土尔扈特人，因此他们给奴尔阿里汗留下 3 门大炮和 1000 名骑兵，便返回俄国了。

土尔扈特人并没有因为摆脱了沙俄军队的追击而得到松口气的机会，因为努尔阿里汗依旧不放过他们。在他们到达莫尼泰河附近稍作停留之时，他们受到了努尔阿里汗与阿布赍汗 5 万哈萨克联军的包围。聪明的渥巴锡没有立即与哈萨克联军交战，而是派人同对方谈判，为表明诚意，他还将之前虏获的千余名萨克俘虏送还给哈萨克联军，土尔扈特人因此得到了喘息的机会。渥巴锡自然不会把希望真正寄托在双方的"和谈"上，他利用双方休兵的这几天，调整了兵力，确立了新的作战方案。一切准备就绪之后，渥巴锡率部猛攻哈萨克联军，在牺牲无数勇士之后，成功突围出去。由于一路都受到袭击，土尔扈特人已经疲惫不堪了，为了不再遭袭，他们改变了原定的路线，选择了一条新的路线——绕巴尔喀什湖西南，走戈壁逾吹河、塔拉斯河一路，沿沙喇伯勒抵达伊犁河流域。

土尔扈特人东归的消息，事前清政府一点也不知道，直到乾隆三十六年三月（1771 年 4 月），定边左副将军车布登札布向朝廷奏报说俄方派人来通报土尔扈特举部东返，清政府才得知这一消息。得知这一消息后，整个清朝朝廷都非常震惊，经过热烈讨论之后，乾隆帝命人前去迎接东归的英雄们回归故土。同时还让驻伊犁、张家口及西安等地的官员立即调集大批物资前去进行安置和救济。

乾隆三十六年六月九日（1771 年 7 月 20 日），土尔扈特人终于到达了祖国西陲边境伊犁河畔，与前来相迎的清军相遇。清军见到他们时，他们个个风尘满面，形容枯槁，衣不蔽体，鞋靴全无，而且他们在路上损失了近一半的同伴。他们归国后，全国人民对他们的归来表示了热烈的欢迎——政府机构拨专款采办牲畜、皮衣、茶叶粮米，接济贫困中的土尔扈特人，帮助他们渡过难关，各地人民也纷纷为他们捐献物资。

几天后，渥巴锡在清朝官员的陪同下，启程前往承德朝觐乾隆。渥巴锡见了乾隆之后，献上了一把祖传腰刀，表示永世效忠朝廷再无兵甲的意思。乾隆则设宴款待渥巴锡及其随从，还封赏了土尔扈特部各将领，并给土尔扈特部众募集生存生活必需物资，让他们可以购买牛羊、粮食，置办衣物及帐篷。据史料记载，当时朝廷为了帮助刚回归祖国的土尔扈特同胞，“由陕西银库内拨银300万两，新疆、甘肃、陕西、宁夏、内蒙古等地的各族人民，以大量的物资供应土尔扈特，计有马、牛、羊20万头，米、麦41万石，茶2万余封，羊裘51万多件，棉布61万多匹，棉花59万余斤，以及大量的毡庐等”。为了妥善安置归来的土尔扈特部众，乾隆还指派官员勘查水草丰美之地，将巴音布鲁克、乌苏、科布多等地划给土尔扈特人作牧场，让他们能够安居乐业。

乾隆三十九年十二月八日（1775年1月9日），渥巴锡因病去世，年仅33岁。在其弥留之际，渥巴锡仍然不忘告诉部众，要他们好好地、安分守己地过日子，勤劳作，养牛羊，不要随意挑起事端和战争。交代完后，不久他就过世了。

虽然土尔扈特东归已经是两百多年的事情了，然而土尔扈特部那种不畏艰难险阻，英勇回归的勇气一直让人佩服，他们是真正的英雄，中华民族因为有他们而骄傲。

收复台湾的民族英雄——郑成功

1624年，荷兰殖民主义者侵占了中国台湾南部地区，修筑了热兰遮、赤嵌楼两座要塞。后来，他们进一步侵占了整个台湾。荷兰殖民者在台湾开办学堂，搞文化教育，建立教堂，强迫台湾人民学荷兰语，交人头税，还把一些人抓到监牢，有的卖到爪哇为奴，这激起了台湾人民的强烈反抗。17世纪中期，郭怀一领导台湾人民大起义，大败荷兰军。荷兰殖民者调集大军镇压，杀死四千多名战士。清初，在东南沿海坚持抗清的郑成功决心从荷兰人手中收复宝岛台湾。

郑成功出生在明朝末年，他的父亲郑芝龙是驻守福建的一位将军。清入关后，郑芝龙在福州拥立了一个南明政权，表面上他对明朝是忠心耿耿，暗地里却拿着这个南明政权当做筹码和清政府交易，以便其投诚后可以获得高官厚禄。但纸总是包不住火的，后来郑成功听说了父亲的这一行径，心中十分难过，因此苦劝父亲："自古以来，叛国投敌的人都是遗臭万年，要遭到后人唾骂的。父亲可不能做这种不忠不义的事情。虽然说咱们大明的疆土大半都已经被清占领了，可是广东、福建一带还在明军手里，只要父亲肯带头起兵反抗清军，天下豪杰一定会起来响应，国家复兴也就大有希望了。"怎奈郑芝龙就是不听儿子的劝告，投靠了清军。郑成功的母亲不愿跟着丈夫降清，就自杀了。

郑成功听到这个消息后，异常悲愤，决定组织义军抗清。为了表明决心，他还摘下了头上戴的方巾，并将其烧毁，并在孔子塑像面前，立下誓言，一定要恢复明朝。之后他变卖了自己的家产，组织起一支义军，就同清军打起来，一连攻破了好几个州县。清朝的顺治皇帝听说以后，写了一封招降信，想要让郑成功投降，不过没有成功。双方之间的较量就一直这么持续了好几年，因为郑成功将抗清基地设在厦门和金门两个海岛上，清军一直无法靠近它们。最后，清军想出个封锁海疆的办法来限制义军，他们命令福建沿海居民往内地迁移 30 里，不准出海做买卖，更不准给郑成功送信。清军的这一做法的确非常有效，失去陆地支援的义军，因被困海岛上，物资变得越来越缺乏，生活都变得艰难了，想要攻击清兵就更不容易了。经过反复思量，郑成功考虑收复被荷兰人侵占了的台湾岛，以此为抗清据点。

刚好，这个时候有一个人出现了——他就是荷兰人的翻译何廷斌。一天，郑成功忽听有人报："荷兰人的通事（翻译）何廷斌逃回厦门。"他觉得这是天赐良机。他立即召见了何廷斌。何廷斌介绍了台湾人民渴望收复失地的情绪和荷兰军的部署情况，他还献出一本军事地图册。他对郑成功说："公何不取台湾？台湾沃野千里，四通外洋，横绝大海。得其地足以立国，取其财足以养兵，蕃（高山族）受红夷（荷兰人）凌辱，每欲反噬久矣。以公威临之，如使狼驱羊群也。"意思是说台湾土地肥沃，物产丰富，海路四通八达，既可以通商筹集军费，又可以隔海抗拒清军，要是想建立功业，恢复大明，没有比台湾更合适的根据地了。而且台湾当地人一直受到荷兰人的欺辱，想赶走他们已经很久了，如今以你的实力去台湾，一定可以将荷兰人赶走。郑成功认为他的话有道理，最后下定了收复台湾作为反清基地的决心。

由于有何廷斌所绘的地图，郑成功对台湾岛的山川地形和荷兰人的兵力部署都有了比较清楚的了解。那时候，从外海进入台湾有两条路，一条走大港，是大路；还有一条路走鹿耳门，是小路，小路水道狭窄，暗礁淤滩，星罗棋布，水又很浅，大船很难通过。郑成功知道荷兰人在大港那条水路上设防严密，在鹿耳门港那没什么设防，于是决定从鹿耳门港开始进攻。1661 年 4 月 21 日，郑成功统率 2. 5 万大军，乘坐 350 艘战船，从厦门浩浩荡荡地出发，扑向台湾岛。

1661 年 4 月 29 日，郑成功率战船进逼台湾鹿耳门港口，荷兰殖民者并未在此设防。郑成功因侦知地理、潮落情报，在一个涨潮的夜晚，郑成功率领大队人马，通过鹿耳门，人不知鬼不觉地登上了台湾岛。郑家兵从天而降，打得荷兰殖民者措手不及，等他们发现有人上岸时，郑成功的大军早已经把荷兰殖民者在台湾的统治中心——台湾城包围得严严实实了。荷兰军慌忙应战。郑成功指挥的将士兵丁英勇善战。荷兰驻台总督揆一也说，“他们”不顾死活地冲入敌阵，十分凶猛大胆，仿佛每个人家里另外还存放着“一个身体似的”。

揆一不愿意轻易放弃台湾这块肥沃的土地，他一边命令士兵们死守台湾城，一边叫海上的荷兰军队快来援救。郑成功则以 60 艘战船包围荷军四艘战船，集中火力扫射，击伤致沉三艘，一艘仓皇逃走。郑成功率兵乘胜追击，包围了赤嵌城，切断了赤嵌城与台湾城的联系。

荷兰军的贝尔德上尉，为阻击郑成功进攻，被提升为水陆两军统帅。他气势汹汹，不可一世，恨不得一口吞下郑成功的全部军队，建立功勋，加官晋爵。天刚亮的时候，贝尔德上尉带着 300 名水兵和两百名洋枪队离开了热兰遮。他乘上“白鹭号”领港船，一马当先驶在前头，后面跟着的是“玛丽亚号”联络船，再后面跟的是 300 名水兵，分乘三艘大船，一路耀武扬威向北驶进。

这时，郑成功已从望远镜中看到了他们。但是，郑成功按兵不动，只待贝尔德上尉的船队进入他弓箭和枪炮的射程之内。贝尔德上尉乘坐的“白鹭号”是条大船，吃水太深，不能靠岸。他亲自带着二百名洋枪队转乘小船首先登陆。他命令，洋枪队在岸上整装列队，端着鸟枪烧着火绳，以三列横队前进。

贝尔德上尉连马都不骑，挥着战刀跑在队伍的前头命令士兵："瞄准！开枪！"于是第一列打出了一排子弹，赶紧退到后面装枪，第二列上来，又打出一排子弹，又退到后面装枪，换上第三列。这样循环开枪。把郑成功的阵地炸得卷起一层烟雾。郑成功指挥弓箭手和盾牌兵，采用了三面包抄的队形，突然蜂拥而上。中军的铁甲兵，一排排行军炮在敌人阵地上炸开，震得贝尔德两耳欲聋。他的士兵被打得连滚带爬地往后逃跑。紧接着，郑成功的弓箭手、鸟枪队分三面包围了贝尔德的军队。

贝尔德上尉见势不好，下令撤退，抢先跳入海中，高山族有志青年启奴里见状纵身跃入水中，与贝尔德展开了一场水中大战。贝尔德的水性和体力均不如启奴里好，最后贝尔德被启奴里用腰刀砍死于水中。赤嵌楼里的敌兵又几次出击，却每战必败，只好投降。

郑成功打败了荷兰人的海上援军，又回过头来打台湾城。揆一在城上安放了 20 尊大炮，打算死守，以待援兵。郑成功也不硬攻，叫士兵在台湾城外筑起一道围墙，把荷兰殖民军围困在里面，切断了城里的水源和同外面的联系。郑军在城外挖濠、设障、安置大炮，准备长期围困下去，直到荷军投降。由于城内无粮、无水、无援，四月初，赤嵌守将描难实叮宣布投降。荷兰总督揆一写信表示愿送白银十万两，请求郑成功罢兵，放弃台湾城。郑成功严词拒绝这一无理要求，斩钉截铁地指出："台湾一向是中国的土地，必须归还！"

几个月后，一支由几艘兵船组成的荷兰舰队开来支援。热兰遮的荷兰军就出来反击。但郑家军大败荷兰军，荷军一艘船被击毁，一艘船被烧掉，两艘被缴，其余狼狈而逃。热兰遮之荷兰军退缩城内，再不敢出战。1662 年 2 月 1 日，揆一觉得难以据守下去，无奈向郑成功递交了投降书。又过了几天，荷兰军队在中国军队的监视下，撤离了台湾。至此，荷兰殖民主义者侵占我国台湾长达 38 年的历史，宣告结束，台湾又回到了祖国的怀抱。

郑成功收复台湾以后，设置了官府，委派官员管理各地。他派人给当地的高山族农民送去耕牛和农具，向他们传授先进的耕作技术。郑成功还让军队也参加开荒种地。郑成功为恢复台湾、建设台湾呕心沥血，积劳成疾，年仅 39 岁时病逝于台湾。为纪念这位民族英雄，台湾各族人民在全省建郑成功庙五六十座，其中延平郡王祠（开山王庙）最为著名。

1683年，清军进入台湾，郑成功之孙郑克塽归顺清朝，为免台湾民众起反抗，郑氏在台诸坟悉数遭清王朝掘起并迁葬中国内陆。次年，清政府设置“台湾府”，隶属福建省。

郑成功的军旅生涯大都是在海上度过的，除了收复台湾之外，他还一直为保护海外华人而努力。郑成功曾多次在海上帮助明室宗族与民众渡海定居台湾及东南亚各地。抗清期间，郑成功为了筹备粮饷而大力发展海外贸易，当时荷兰人常劫夺郑氏和海外华人商船，郑成功多次派出水军打击荷兰舰队，并于1656~1660年期间两次警告荷兰人，如果荷兰再不停止抢劫华人商船的话，郑氏将终止与荷兰贸易，另外，郑成功让华商领取郑府令牌和“国姓爷”旗号，以帮助保护华人在海外经商时的安全。当时确有很多海外华商采取此法，而得以安全出海经商。

郑成功为国家主权和领土完整作出了巨大的贡献，同时他还不忘关心生活在东南亚的海外华人，并对他们进行保护，他是中华民族的英雄。

第三章 爱人者，人恒爱之

爱亲者，不敢恶于人；敬亲者，不敢慢于人。

——《孝经·天子》

乌鸦反哺——知恩图报

乌鸦，俗称“老鸹”“老鸦”，是一种通体漆黑、翼有绿光、面貌丑陋的小鸟，乌鸦多群居在树林中或田野间，以谷物、果实、昆虫为食物。

在中国的许多地方，很多人都非常讨厌乌鸦，这可能与其丑陋的外形和漆黑的身躯有关。更有一些迷信的说法认为听见乌鸦叫就会倒霉，因此人们十分讨厌乌鸦。然而在儒家的诸多经典和传讲中，乌鸦是“孝顺”的象征，“乌鸦反哺”的故事千古以来一直被人们传颂着。

乌鸦刚出生的时候，自己没办法找食物，它们的母亲便到处寻找食物来喂它们，一直到小乌鸦长大能够飞翔，能独自开始寻找食物。随着小乌鸦的长大，母乌鸦也开始一天天变老，当母乌鸦年老体衰，不能觅食或者双目失明飞不动的时候，它的子女就会四处去寻找可口的食物，衔回来嘴对嘴地喂到母亲的口中，回报母亲的养育之恩，并且从不感到厌烦，一直到老乌鸦临终，再也吃不下东西为止。

乌鸦虽然长得不好看，发出的声音也不够好听，然而，它们却拥有世界上最伟大的思想——知恩图报，对于养育之恩念念不忘，正是它们的这一精神感动着无数人，难怪不少的文人墨客，一直将其当成孝的典范。

黄泉相见——恢复亲情

公元前743年，郑庄公继承父亲郑武公之位，成为郑国的君主。郑庄公的母亲为申侯之女武姜。公元前757年，武姜生太子寤生（郑庄公），后又生了一个儿子叔段。在生郑庄公的时候，武姜氏因难产而受到惊吓，所以一直不喜欢郑庄公，而偏爱小儿子叔段。公元前744年，郑武公病重，武姜多次在郑武公面前说叔段有贤能，希望郑武公能够废除寤生，改立叔段为太子，郑武公没有答应。

郑武公始终没有答应武姜改立太子，于是在他死后，寤生顺利登上了国君之位，成了郑庄公。武姜见寤生做了国君，十分不开心，一直想弄垮寤生，让叔段当国君。郑庄公刚刚成为郑国国君，武姜便要求郑庄公将制邑（今郑州市荥阳汜水镇）作为叔段的封邑。因为制邑地势险要，是郑国的军事要地，因此郑庄公没有答应母亲的要求。武姜见郑庄公不肯将制邑封给叔段，就另逼庄公把京（今郑州市荥阳东南）封给叔段。武姜很会打如意算盘，先是要军事要塞，接着又想要人口众多，物产丰富的郑国大邑——京。郑庄公在心里有一百个不愿意，然而却碍于母亲的情面不敢再次回绝她，只好答应她的请求。当时郑国大夫祭仲进谏道："京邑比郑国的都城还要大，不能将它作为封地赏赐给您的弟弟呀。"郑庄公回答道："这是母亲姜氏的要求，我不能不听啊！"于是将京封给了叔段。

叔段到京邑后，仗着母亲武姜的支持，从不把尊君治民放在心上，而是招募勇士，加固城垣，囤积粮草，训练甲兵，加紧扩展自己的势力，与母亲武姜合谋，准备里应外合，篡夺郑庄公的国君之位。郑国君臣对于叔段的行为议论纷纷。这些事情郑庄公都看在眼里，然而却不动声色。大夫祭仲觉得叔段这样做会成为国家的祸害，就又对郑庄公说道："国家的封地城市，城垣的周围超过三百丈，就是国家的祸害。所以先王之制规定，封邑大的不超过国都三分之一，中等的不超过五分之一，小的不超过九分之一，现在京城封邑的规模早就超出了规定，您怎么还能容忍呢？"

郑庄公说："我的母亲想要这样，我又能怎样呢?"

祭仲说："您的母亲姜氏是永远也不会满足的，您不如趁早给叔段再安置个地方，不能任由他继续这样下去了。如果您还是任由他这样扩充自己的势力的话，那么就难对付了。您要知道，蔓延的野草尚且难除，何况是您受宠的兄弟呢?"

郑庄公并没有听从祭仲的意见，他希望母亲和弟弟能够回头，于是便告诉祭仲说再等等。

郑庄公的退让不但没有感化叔段，而是使得他变本加厉了。不久叔段竟命令西部和北部边境同时听命于自己。接着又把京邑附近的两座小城池也收入自己的管辖范围。这时郑国上下更是议论纷纷，大家都知道了叔段的野心，只有他们的君王似乎毫不在意，这可急坏了一众大臣。一日，大夫公子吕非常生气地对郑庄公说："一国不容二君，主公究竟有何打算? 如果你想让位给叔段，就让我们这些臣子去侍奉他好了。如果你不想将君位拱手相让，那就请你除掉他，不要让老百姓生二心。"其实吕的意思很明白，就是要郑庄公讨伐叔段。可是郑庄公一点也不急，而且还对吕说："用不着我除他，没有正义就不能得民心，他迟早会自取其祸的。"

郑庄公一味地忍让，让叔段越来越骄横，更加肆无忌惮了。公元前722年，叔段在母亲武姜的怂恿下，亲率甲兵万人准备袭击郑都，而武姜准备开城门接应，里应外合，取代郑庄公。郑庄公得知这一消息后，终于忍无可忍，立即命令公子吕率200辆战车讨伐叔段。京邑百姓闻讯，纷纷叛段。叔段大败溃逃，仓皇出奔鄢邑（今河南鄢陵县西北)。庄公又攻打鄢邑，叔段外逃共国（今河南辉县)。

郑庄公打败了弟弟后，对母亲武姜非常生气，一怒之下，把武姜逐出国都，安置到城颍软禁起来，并且向她发誓说："不到死后埋入黄泉，决不相见了!"

过了一段日子，郑庄公忽然良心发现：不管她做了什么对不起自己的事情，但她毕竟是自己的母亲，她生了自己，把自己养大，自己怎能这样对待她呢? 可是他又想起自己立下的誓言，一位国君是不能随便违背自己的誓言的，于是就叫人修筑了一座高大的土台，思念母亲时，就登台向城颍方向眺望。后来人们就把这夯土台叫"望母台"。可是郑庄公依旧非常想见母亲，每次思及母亲，他便闷闷不乐。

当时在颍谷管理边境事务的颍考叔，是出了名的孝子，他看破了郑庄公的心思，就乘给郑庄公献礼的机会为他出了个主意。这一天，郑庄公又在发愁，忽然颍考叔前来看望他。他带了一些土产礼物进献给郑庄公。郑庄公留他吃饭，在饭桌上，颍考叔把菜碗里的肉，挑出来放到另一个碗里，自己却吃得很少，郑庄公觉得奇怪，便问他："你为什么要这样做呀？"

颍考叔回答说："我的母亲年纪大了，平时我给她做的饭菜，她都吃过了，就是没吃过主公您赏赐的肉，请让我把肉带回去转赠老母，尽一点孝心吧！"

郑庄公感慨地说："我很羡慕你，你还有母亲可以孝敬，我的母亲虽然也还在世，可是我却无法对其尽孝！"

颍考叔早就知道原因了，可是依然问郑庄公为什么会这样。郑庄公于是将软禁母亲的前后经过说了一遍，又叹了一口气说："现在想起来，真是后悔莫及呀！"颍考叔沉吟了一会，便对郑庄公说道："主公不必发愁，我倒有个主意。您可以挖条隧道，下及泉水，您同母亲在那里相见，既见到了母亲，又不违背誓言，别人还能说什么呢？"

郑庄公一想，这个办法还真是很好，就让颍考叔办理这事。隧道挖好后，颍考叔请郑庄公前去见武姜。郑庄公前往隧道，在那里见到了母亲，并向母亲请罪，得到母亲的谅解之后，郑庄公十分感慨地唱道："大隧之中，其乐也融融。"母子二人又恢复了亲情关系。

兄终弟及——季扎让位

春秋时期的吴国（今江苏和浙江一带）原是一个比较落后的国家，被中原诸国称为"蛮夷之邦"。公元前583年，从楚国叛逃到晋国的申公巫臣向晋景公献策——扶吴制楚。晋景公采纳了他的建议，并派他到吴，用中原的乘车、射御、战阵教吴人如何打仗。待吴人学会征战之术后，晋国又教唆吴人攻楚。从此，吴楚间的战争开始了，而吴也在争战中逐渐强盛起来，到了寿梦执政时，吴便开始公然称王了。

吴王寿梦有四个儿子：诸樊、余祭、夷昧、季扎。四个儿子当中季扎才华最为出众，他不仅精通中原文化，而且有贤能，有智慧，有远祖太伯、仲雍遗风，因此寿梦极其喜欢他，一直想立其为储君，可是季扎认为这样做破坏了嫡长子继承制度会引起内乱，坚辞不肯接受储君之位。后来寿梦病危，临死之际依然想传位与季扎，但季扎坚辞不肯接受。于是寿梦将王位传给诸樊，并立下遗命“兄终弟及”，到时候诸樊一定要将王位让给季扎，而不是他的儿子。诸樊一一应允。

寿梦死了之后，诸樊成了吴王，然而诸樊却不想要这个王位，因为他认为父亲一直希望弟弟季扎继位，自己就不该当这个国君。于是向季扎表明，要立刻将君主之位让给季扎，并说：“这是父王的遗志。”

季扎回答道：“父亲在世的时候，我尚且不愿要储君之位，如今父亲刚刚亡故，我又怎能抢夺兄长的君位呢？哥哥若再逼我，我只好避走他国。”

可是诸樊一直认为该将君位让给弟弟，而吴国人也希望季扎接掌吴国。季扎为了躲避就君位，离家逃到了荒野之中。诸樊不得已只好做了吴王，并立下规矩，他百年后，君位继承采取兄终弟及制，一定要把君位传给季扎。

诸樊成了吴王之后，心里就想：“我要是活到老才死，按次序传位，传来传去，四弟还能继承王位吗？我得另想办法。”为了能早点让位给季扎，完成父亲的遗命，诸樊领兵打仗时，总是不爱惜自己的生命，身先士卒，冲锋陷阵，想早点战死沙场，以便早点将吴王之位让给季扎。

公元前508年，诸樊亲自率军伐楚，直逼楚国边境城市巢邑（今安徽巢湖市）。当时楚国巢邑守将牛臣知道诸樊打战时总是冲在最前头，因此对部下说：“吴王做事勇敢而轻率，如果我们大开城门，他必定第一个冲入城来，我埋伏在城门，乘机射死他。他一死，楚国边境就安定了。”楚守城士兵依牛臣之计，打开城门迎接吴军的到来。果然不出牛臣所料，诸樊最先冲入城门，被躲在暗处的牛臣一箭射死。就这样，当了13年吴王的诸樊，终于如愿以偿地死了。

诸樊死后，大臣们依照寿梦的遗愿，立余祭为吴王。余祭明白自己的兄长诸樊想快点传位给季扎的想法。因此，余祭接任君位后，也亲自率兵大战。最后在攻打越国时，战死了。

余祭在位期间，因季扎通晓周礼，余祭便派遣季扎代表吴国出使中原诸国。季扎出使吴国时，在鲁国观乐，品评优长，使鲁人钦服。到了齐国后，他又与齐国名相晏婴交了朋友，并和晏婴有过一次推心置腹的深谈。当时齐国国内局势较乱，季扎劝告晏婴明哲保身，交出自己的权和封邑，以免除灾祸，晏婴听季扎之劝，果得善终。到了郑国的时候，季扎和郑国当时的相国子产很是投机，两人曾交换衣带作为纪念，季扎还忠告子产要以礼治国，子产没有听他的劝告，后当政时以法治国，引发了一场大争议。季扎访晋时，与赵武、韩厥、魏舒关系较好，并预言晋国的未来就在他三家手上掌控，后来果如他所言。

季扎访问徐国时更是留下的一个非常美丽的故事。当时，季扎访问晋国之前，路过徐国，于是就佩戴着宝剑拜访了徐国国君。季扎和徐君会谈的时候，徐君很是羡慕地瞧着他随身佩戴的宝剑。徐君没有明言，但季扎知道他欣赏自己的宝剑，神色中露出了想要宝剑的意思。季扎很想把宝剑献给徐国国君，但是因为他还要出使其他国家，而宝剑是他吴国使者身份的象征，无法将其献出。不过，当时季扎在心里已经答应徐国国君，自己出使任务完成后，定将宝剑赠与他。等到季扎从晋国回来，路过徐国时，徐国国君已亡。于是，季扎解下宝剑送给继位的徐国国君。随从人员见状，连忙阻止他说："这是吴国的宝物，不可以用来做赠礼。"

季扎告诉他说："我不是赠给他的。前些日子我经过这里，刚逝的徐国国君欣赏我的宝剑，他虽然没有说话，但是我知道他很想要这把宝剑。我因为还要出使其他的国家，因而不敢将剑送给他。不过，我在心中已经答应要给他了。如果我因为他去世了，就不把宝剑给他，那是违背了我自己立下的誓言。有品德的人是不该这样做的。"于是解下宝剑，送给了继位的徐国国君。

新立的徐国国君说："先君没有留下遗命，我不敢接受宝剑。"

季扎闻言，把宝剑挂在了徐国国君坟墓边的树上就走了。

余祭死后，还是按照"兄终弟及"的约定，让寿梦的第三个儿子夷昧做了吴国国君。夷昧本想直接让位于季扎的，他听说季扎访问徐、鲁、郑、卫、晋诸国的时候，各国的君主和大臣没有一个不佩服的，而且父兄和吴国的百姓也希望他能够成为吴王。但是季扎裔让不肯接受。夷昧没有办法，只好做了吴王，不过政务上多和季扎讨论，并接受了季扎提出了"罢兵安民，和好各国"的意见，吴国过了几年太平日子。

夷昧在位 17 年，公元前 527 年，吴王夷昧身患重病。临死时，他希望能够完成父兄没有完成的心愿，于是留下遗命传位季扎。吴国百姓也要季扎当国君。季扎再次拒绝，为了躲避这件事情，他还逃到边邑延陵躲藏起来。吴国大臣只好立夷昧长子为吴王。

季扎为让君位，两次出走，成了后人传颂的一段佳话。季扎本意是不想破坏嫡长子继承制度，让吴国不出内乱。不过他的愿望并没有实现，虽然他们兄弟四人都能够相互尊敬，彼此敬爱，不过他们的后辈并未如此。而寿梦的错误决定也给他的子孙埋下了祸根。后来便有了诸樊长子与夷昧长子争权一事。

鹿乳奉亲——孝敬父母

郯子，已姓，子爵，春秋时期郯国国君。郯子治郯讲道德、施仁义、恩威有加，使郯地文化发达，民风淳厚，百姓安居乐业。

公元前 525 年，郯子第二次朝鲁时，昭公盛宴款待。席间，鲁大夫叔孙昭子向郯子问起远古帝王少昊氏以鸟名官之事。郯子答道："少昊是我的祖先，因此我知道这件事情。当年少昊初立位时，恰好有凤凰飞来，被当成了吉兆，故此拜鸟为师，以鸟名来称呼各种官职。"

郯子接着进一步告诉鲁国大臣说："从前黄帝以云来记事，因此他以云给百官命名；炎帝以火来记事，因此他以火给百官命名；共工氏以水记事，因此他以水给百官命名；太昊氏以龙记事，故此他以龙给百官命名；少昊氏即位的时候，恰遇凤鸟飞来，因此便以鸟记事，他的百官也以鸟命名。"接着郯子又把各个官名的来历及代表的鸟类给大家解释了一遍。

当时，满座的人听完郯子的话后，无不佩服郯子的学识渊博。孔子当时年二十七岁，在鲁国做小官，他听说了郯子这番话之后，就前去拜见郯子求教，"见于郯子而学之"。

郯子除了非常有学识，而且还是孝子的典范。他的父母上了年纪以后，患了眼疾，看不到东西，需饮鹿乳治疗。但是想要得到鹿乳并不容易，郯子苦思冥想，终于想出一个办法。他穿上了鹿皮，往深山鹿群中走去，想混进鹿群中，以此得到鹿乳供奉双亲。没想到就在他混在鹿群中时，被打猎的人发现了。猎人将其当成真的鹿，想要射杀他。眼见猎人就要射箭，他连忙喊道："我不是鹿，我是人，我是为了取得鹿乳，给患有眼疾的双亲喝，才穿上鹿皮，混到鹿群中采取鹿乳。"猎人这才放下了弓箭，没有射杀他，并对他这种孝敬父母的行为赞叹不已。

郯子死后，后人建郯子庙、郯子墓、问官祠聊以凭吊。在郯子庙大殿前精雕石柱上的楹联写道："居郯子故墉纵千载犹沾帝德，近圣人倾盖虽万年如座春风"，至今他仍为人们咏颂。

尊师重道——颜回曾子

相传孔子所收的弟子多达三千人，其中有较大成就者 72 人，颜回便是这 72 人中的一位，而且他还是孔子最得意的弟子。

颜回，字子渊，春秋末期鲁国人。颜回为人谦逊好学，他异常尊重老师，对孔子"无事不从，无言不悦"。颜回一生以德行著称，孔子称赞他"贤哉回也"。至汉代起，颜回被列为七十二贤之首，有时祭孔时独以颜回配享。

孔子在鲁国招生讲学期间，有个叫少正卯的人也在鲁国讲学，当时孔子门下的许多弟子先是拜孔子门下，接着又跑到少正卯那，弄得"孔子之门，三盈三虚。"只有颜回一人自始至终一直陪在孔子身边，不曾离开半步。

颜回非常崇拜孔子，对于孔子的学说他从不怀疑，还常感叹孔子学说的博大精深。他曾感慨孔子之道"仰之弥高，钻之弥坚。瞻之在前，忽焉在后。夫子循循然善诱人，博我以文，约我以礼，欲罢不能。既竭吾才，如有所立卓尔。虽欲从之，末由也已。"意思说，"老师的道，越抬头看，越觉得它高明，越用力钻研，越觉得它深奥。看着它似乎在前面，等我们向前面寻找时，它又忽然出现在后面。老师的道虽然这样高深和不易捉摸，可是老师善于有步骤地诱导我们，用各种文献知识来丰富我们，提高我们，又用一定的礼来约束我们，使我们想停止学习都不可能。我已经用尽我的才力，似乎已能够独立工作。要想再向前迈一步，又不知怎样着手了。”

公元前497年，孔子“堕三都”的政治计划失败后，离开鲁国，带着一众弟子开始周游列国，颜回一直陪在孔子左右。公元前489年，孔子与弟子在陈国与蔡国之间被困绝粮，绝粮七日之后，子贡费了许多周折才买回一石米。

子贡买回米后，颜回和子路便立即着手做饭，当饭熟了的时候，颜回不小心让一些炭灰进了锅内。颜回皱了皱眉头，接着便伸手将沾有炭灰的饭取出来自己吃了。这时站在井边打水的子贡看见了颜回“偷吃”米饭，心中十分生气。他觉得老师常常夸奖颜回有节操，可是颜回的“偷吃米饭”的做法，实在令人不耻，于是他便跑去问孔子道：“仁人廉士会改变自己的节操吗?”

孔子反问子贡：“改变节操还叫仁人廉士吗?”

子贡再问：“像颜回，也不改变节操吗?”

孔子回答：“是的。”

子贡觉得不服气，于是将自己刚才所见告诉了孔子，孔子说：“我一直非常相信颜回，就算是现在也一样，他这么做一定有他的缘由。你等着，我问问他便知道了。”于是孔子将颜回叫到了身边，并且对他说：“我做梦的时候看见了我去世的父亲，刚好你们做了白米饭，一会儿你把白米饭给我送来，我要用那白米饭祭奠父亲。”颜回一听孔子说要用白米饭做祭奠之用，连忙摆手说不可。孔子问起原因，颜回解释说：“刚才我煮饭时，不小心把一块炭灰掉到上面，留在锅里不干净，丢掉又太可惜，但又不能把弄脏的饭给老师吃，于是我把沾有炭灰的饭抓来吃了，这掉过炭灰的米饭怎能用来祭奠呢?”

孔子说：“如果是这样的话，那么我也一起吃吧。”颜回出去后，孔子环顾了一下身边的弟子说，“我相信颜回不是从今天开始的”。

孔子常常赞叹颜回品格高尚，并且尊师重道，不过颜回却过早地离开了人世。当得知颜回过世之后，孔子十分难过，哭得特别伤心，他说：“自从我有了颜回，学生们越来越和我亲近。”颜回逝后，孔子还是常常提起他，两年后，孔子也离开了人世。

除了颜回之外，孔子的另一个弟子曾子也异常尊敬孔子。

曾子向孔子学习的时候，常在孔子身边伺候，有一次孔子就问他："以前圣贤的君主都拥有至高无上的德行，精要奥妙的理论。他们用这些德行和理论来教导天下之人，人们就能相处和睦，君臣之间也没有不满，你知道这些德行和理论是什么吗？"

曾子一听孔子这么问他，知道老师要指点教育自己，于是立刻从坐着的席子上站起来，走到席子外面，屈身对着孔子恭恭敬敬地回答道："我不够聪明，不明白是哪些东西，恳请老师的教导，将这些道理教授与我。"

这就是著名的"曾子避席"的故事，在古代"避席"是一种礼貌的行为，曾子为了表示对老师的尊重，当得知老师要传授他知识道理之时，就站起来走到席子外面，悉心听取老师的教诲。

其实孔子的大部分弟子对孔子都是非常尊敬与爱戴的，孔子过世之后，他的很多弟子都到他的墓旁为他守孝，而子贡更是为他守孝六年。孔子能得到学生的尊敬，自然与他高尚的品格及日常的行为准则有关。不仅孔子的学生对孔子非常尊敬，孔子自己对老师也是非常尊敬和谦逊的。

公元前521年春，孔子得知他的学生宫敬叔奉鲁国国君之命，要前往周朝京都洛阳去朝拜天子，觉得这是个向周朝守藏史老子请教"礼制"学识的好机会，于是请求鲁昭公答应让他一同前往。鲁昭公答应了孔子的请求，于是孔子便和弟子一块上路了。

师徒二人风尘仆仆到了洛阳之后，第二天孔子便立即步行赶往守藏史府去拜望老子。当时正在写《道德经》的老子听说誉满天下的孔丘前来求教，赶忙放下手中刀笔，整顿衣冠出门迎接孔子。孔子一见到老子，便连忙小步地跑到老子面前，恭恭敬敬地向老子行了弟子礼。老子连忙回礼，接着将孔子迎到大厅之中。进入大厅之后，孔子再次对老子行礼后才坐下来。

两人坐定之后，老子问孔子为何事而来，孔子离座回答："我学识浅薄，对古代的'礼制'一无所知，特地向老师请教。"老子见孔子这样诚恳，便详细地抒发了自己的见解。

孔子回到鲁国之后，他的弟子们向他讨教关于老子的学问问题。孔子说："老子博古通今，通礼乐之源，明道德之归，确实是我的好老师。"他还告诉弟子们，"我知道鸟儿能飞，鱼儿能游，野兽能跑。我可以用箭射下高飞的鸟儿，用丝条缚在鱼钩上钓到会游的鱼儿，我也可以结网抓获善于奔跑的野兽。至于龙，我却不能够知道它是如何乘风直冲云霄的。老子，他就像是这样的一条龙啊！”

孟母三迁——培育人才

孟子，名轲，字子舆，山东邹城人。孟子是战国时期儒家代表人物，中国伟大的思想家，著有《孟子》一书。孟子远祖是鲁国贵族孟孙氏，后来家道中落，一家人迁居邹国。孟子三岁丧父，他的母亲独自一人将他抚养长大，并且对他的管教非常严格。孟子后来之所以有如此大的成就，和他母亲的培养是分不开的。

孟子的父亲去世后，孟子的母亲仉氏独自带着孟子生活。孟子小的时候比较调皮，但是孟子的母亲一心要将孟子培育成才。

刚开始的时候，他们一家住在比较偏僻的城北乡下，他们家的附近就是一片墓地。墓地里，经常有人下葬，死者的亲人披麻戴孝，哭哭啼啼的，还有葬乐，显得颇为热闹。年幼的孟子看到这一切觉得非常的新鲜，就经常和邻居家的孩子玩起出殡、下葬的游戏。他们模仿那些死者的家人一会儿哭哭啼啼，一会儿跪跪拜拜，玩得不亦乐乎。孟子的母亲看到这些，就皱起了眉头，心想：“不行，我不能让我的儿子再住在这里了，这里不是适合我儿子居住的地方。”于是，孟子的母亲就带着孟子离开了那个地方，搬到城里。

可是她没有想到的是，当时他们住的那条街比较热闹，他们的邻里有杀猪的，有打铁的，所以街上人来人往非常热闹。孟子天天在集市上闲逛，对商人的叫卖声非常感兴趣，于是他又学起商人做起生意来了——一会儿鞠躬欢迎客人，一会儿招待客人，一会儿和客人讨价还价。这事情被他的母亲知道了，她很难过，又说：“这里也不是适合我儿子居住的地方。”于是他们又搬家了。

这次孟子的母亲将家安在了一个学宫的旁边。当时的学宫是国家兴办的教育机构，聚集着许多既有学问又懂礼仪的读书人。孟子被学宫里的朗朗书声吸引住了，常会跑到学宫门前张望。每月初一的时候，学宫的老师还会带着学生学习周礼（周朝的一套祭祀、朝拜、来往的礼节仪式）。受到这种环境的影响，孟子和邻居家的孩子们玩游戏的时候，也就玩起周礼的游戏。孟子的母亲这时候才放下心来，在那个地方居住了下来。后来孟子就进了这所学宫学习礼乐、射御、术数、六艺。

孟子少年时，有一次他看到邻居家在杀猪，孟子回家就问母亲邻居家杀猪做什么。孟子的母亲没有思考便对孟子说："他们是要给你肉吃。"当时她只是随便说说，可是后来一想就后悔了，她说："我在怀这个孩子的时候，不坐摆得不正的席子，不吃割得不正的肉，这是对他的胎教，现在他刚刚懂事，我却欺骗他，这是在教他不讲信用呀。"于是，孟子的母亲向邻居家买了猪肉，然后做给孟子吃，以此来证明自己没有在欺骗他，同时也是为了教育他要说到做到。

有一次孟子下学回家时，他的母亲正在织布，见到孟子回家，她便问道："你今天的学习怎么样呀？《论语》的《学而》篇会背诵了吗？"孟子漫不经心地回答母亲说："会背了。"可是孟子翻来覆去就只能背诵一句。母亲见到孟子对自己的学习毫不在意，既伤心又生气。恼怒之下，孟子的母亲举起一把剪刀，一把剪断刚刚织好的布，麻线纷纷落在地上。见此，孟子十分害怕，就问母亲为什么要生这么大的气。孟子的母亲就说："学习就像织布一样，你不专心读书，就像这被剪断的麻布，布断了就没有办法再接起来，学习如果不时时努力，就永远也学不到本领。如果你现在就荒废了学业，将来就难免要受劳役之苦，而且难于避免祸患。"说到伤心之处，母亲留下了伤心的泪水，孟子受到了很大的触动。从此，孟子牢记母亲的教诲，不分昼夜地刻苦读书，最终成了天下有名的大学者。

张良取履——歌颂佳话

张良，汉初三杰之一，城父（今安徽亳州市东南）人。张良祖先原是韩国贵族，韩国被灭后，张良结交刺客图谋复国，在博浪沙（今河南原阳县东南）用铁锥击杀秦始皇失败后，逃亡到下邳（今江苏睢宁北），隐姓埋名。秦末农民起义中，率部投奔刘邦，楚汉战争中献计献策，为刘邦取得天下立下了汗马功劳。刘邦自己也承认“运筹帷幄之中，决胜于千里之外，吾不如子房（即张良）”。

张良锥杀秦王不成而逃亡下邳时，“闲步沂水圯桥头”。这时候，有一位穿着粗麻短衣的老人，来到张良跟前，并故意把鞋子掉在桥下，转而对张良说：“年轻人，下去帮我把鞋子捡起来。”张良见这老头穿着寒酸，但是态度傲慢，本想要打他，但随即一想老人年纪已大，也就勉强忍住，走下桥去，为老人取回鞋子。谁知道这老人家得寸进尺，见张良取回鞋子之后，他又对张良说：“把鞋子给我穿上！”张良心想，既然已经取上来了，穿就穿吧，于是就跪在地上把鞋子给他穿上。

张良为老人穿好鞋子之后，老人非但不谢，反而仰面长笑而去。张良愣在那里半天，眼睁睁地看着老人远去。只见那老人走出一里多地又返回桥上，对张良赞叹道：“孺子可教矣。”并约张良五日后的凌晨再到桥头相会。张良不知道老人是何用意，但想老人也许是方外高人，连忙恭恭敬敬地拜谢老人。

五日之后，天一亮张良起身前往与老人约好见面的地方。不过等张良到了的时候，老人已经在那等他了。老人见张良“姗姗来迟”，心中十分不快，就生气地对张良说：“小子，与老人约会迟到，这是为什么？”说完转身离去，临走时他又对张良说：“五日后早点来！”说完头也不回就走了。张良见老人如此，不但没有生气，反而更加确定老人一定不是平凡之人，心中暗恼自己不早点来。这么一想后，张良下定决心下次要早点到。

又五日之后，鸡刚开始打鸣的时候，张良就起身前往约会地点。没想到这一次他又迟到了，因为老人又先到了。老人见张良没有吸取上次的教训，就更加生气地问张良道：“小子，你这次为什么又迟到了呢？”张良见自己迟到，不敢造次，静静待在一旁听老者教训。和上次一样，老人依然是让张良五日后再前来相会，就走了。张良这次更是懊恼不已，暗自下定决心，下次一定要早早地等在那里。

又过了五日之后，到了约会那日，还没等到夜半，张良就又来到了约会的桥头。过了一会儿老人终于来到，老人见张良已到，非常高兴，他看着张良点了点头说：“应当这样。”说着就拿出一部书递给张良：“读了这部书，就可以成为帝王的老师。10 年之后你会建功立业。13 年后，你去济北（在今山东长清县）来见我。谷城山下的黄石就是我。”说完之后，老人不再言语，转身离去。

张良惊喜异常，天亮之后，捧书一看，原来是《太公兵法》。从此，张良日夜研习兵书，俯仰天下大事，终于成为一个深明韬略、足智多谋的军师。秦二世元年（公元前 209 年）七月，陈胜、吴广在大泽乡揭竿而起，举兵反秦。接着全国各地纷纷效仿反秦，张良也在这个时候聚集了 100 多人，扯起了反秦的大旗。不过，张良毕竟是个识时务的人，他明白自己这样的起义军是无法在这乱世中站稳脚跟的，就一直在寻找合作之人。后巧遇刘邦，张良慧眼识人，知道刘邦就是自己一直在找的人，于是率部投刘邦旗下。张良多次为刘邦献计献策，而刘邦对张良也是非常器重和信赖，常常采纳张良的谋略。二人可谓是良弓配好箭，从此干下了一番大事业。

13 年后，张良随刘邦过济北时，果然见到谷城山下的黄石。张良十分珍视，并取作永久纪念，后来张良去世，又与黄石一同埋葬。

这就是张良取履的故事，由于张良对老人尊敬，进而得到了老人的提携，成为了一个传世之人，而其取履的故事也成了人人称颂的佳话。

缇萦救父——孝勇并存

西汉初期，临淄城内有个著名的医学家淳于意，师从阳庆，习得一身医人治病的好本领，还因此做过齐太仓长，人们都称他为仓公或太太仓公。仓公没有儿子，只有五个女儿，其中有一个女儿叫做缇萦，聪明可爱，而且十分孝顺。

淳于意医术高明，因此非常出名。当时有个官员说自己头疼，要淳于意为他诊脉。淳于意诊断他得的是疽症，这种病发于肠胃之间，是因其贪杯引起的。淳于意告诉官员家人他活不过八天了，第八天时，该官员果然死去了。

淳于意由于常常出门为人医病，就使得一些上门找他的病患非常失望。

因为他还能预知病人的死期，所以一些病人家属认为是淳于意故意不给医治，从而导致病人的死亡。渐渐地，越来越多的人开始对淳于意不满，终于酿成了祸患。有一天，一位商人的妻子被淳于意医治后，病情不见好转，死了。这人仗着自己颇有权势，将淳于意告了，说他借医欺人，轻视生命。地方官吏判他有罪，并对其处以肉刑（当时的肉刑有脸上刺字、割去鼻子、砍去左足或右足等）。按西汉初年的律令，凡做过官的人受肉刑必须押送到京城长安去执行。因此，淳于意将被押送到长安受刑。

淳于意被送押去长安之前，他的几个女儿前来送父亲，哭成一团。淳于意看着几个女儿，仰天长叹："生女不生男，遇到急难，却没有一个有用的。"

听完父亲的哀叹，淳于意的小女儿缇萦又是悲伤，又是气愤，心想："为什么女儿没有用呢？"于是提出要陪父亲一起去长安，一路上可以照顾父亲。当时家人都劝阻她不要去，可是她坚持一定要去。家人见她决心已定，便不再说什么，为她准备了简单的行装，接着缇萦便陪着父亲上路了。临淄相距长安两千余里，一路上父女俩风餐露宿，尝尽人间辛酸。

父女二人好不容易到了长安，淳于意被押入狱中。为了营救父亲，缇萦托人写了一封奏章给汉文帝为父求情，到宫门口递给守门的人，请求他无论如何要将奏章交给汉文帝。她的奏章是这么写的：

妾父为吏，齐中称其廉平，今坐法当刑。妾切痛死者不可复生，而刑者不可复续，虽欲改过自新，其道莫由，终不可得。妾愿入身为官奴婢，以赎父刑罪，使得改行自新也。

意思是我的父亲做官的时候，当地的人都说他是个清官。这会儿他犯了罪，被判处肉刑。我不但为父亲难过，也为所有受肉刑的人伤心。一个人砍去脚就成了残废，割去了鼻子，不能再回复原来的样子，以后就是想改过自新，也没有办法了。我愿意给官府为奴为婢，替父亲赎罪，好让他有个改过自新的机会。

当朝皇帝是开创了历史上少有的"文景之治"盛世的汉文帝刘恒。汉文帝平时恭俭仁厚，在处理国家大事上更是提倡"以德化民"。当他得知为父亲求情的是一个只有 15 岁的女子的时候，他被缇萦的孝心感动了，就免除了淳于意的刑罚，同时颁发诏书废除由来已久的残酷的肉刑。不久，丞相张苍等人根据汉文帝的诏书废除了肉刑，颁布了新的刑法。

就这样，缇萦救了父亲，同时也使得朝廷废除了肉刑，使得犯过错的人不再一生受辱。从那以后，缇萦的孝心和她的勇气一直被人们传唱着。班固就曾经写诗赞美过缇萦：

三王德弥薄，惟后用肉刑。
太仓令有罪，就递长安城。
自恨身无子，困急独茕茕。
小女痛父言，死者不可生。
上书诣阙下，思古歌《鸡鸣》。
忧心摧折裂，晨风扬激声。
圣汉孝文帝，恻然感至情。
百男何愦愦，不如一缇萦。

汉明帝尊师

汉明帝刘庄，光武帝刘秀的第四个儿子，东汉的第二位皇帝，在位19年。汉明帝非常推崇儒学，为政注重刑名文法，同时他对朝中大臣的要求非常严格，人称他为政苛察。他对手下的官吏非常苛切，然而对待百姓却恰好相反。史称汉明帝脾气暴躁，然而，他对老师却极为尊重，对族中兄弟也较为仁慈。

汉明帝为太子时，拜桓荣为师，对老师极为尊重。桓荣，字春卿，谯国龙亢（今属怀远县）人。桓荣小时候家里很穷，但是很爱学习，很小的时候就到长安求学，拜博士朱普门下，并学有所成。可是桓荣仕途并不顺利，直到六十几岁的时候，才为光武帝赏识，拜议郎，并教授太子。桓荣知恩图报，悉心教育汉明帝。

后来光武帝去世，汉明帝继位，登上皇位后的汉明帝对老师仍十分尊敬，经常到桓荣住的太常府内聆听老师的教导。汉明帝每次到桓荣府上时，都让桓荣面向东面而坐，并替桓荣摆好桌案和手杖，像当年做太子的时候一样，亲自手拿经书，听桓荣讲解经文。汉代室内的座次是以靠西而坐，即面向东方为最尊。因汉明帝每次都让老师桓荣靠西而坐，后来人们就把老师尊为“西席”了。

除了自己常去太常府学习外，汉明帝还将朝中百官和桓荣教过的学生数百人召到太常府，向桓荣行弟子礼。桓荣生病，汉明帝就派人专程慰问，有时候甚至亲自登门看望。汉明帝每次前去探望桓荣时，一到通往太常府的街口便下车步行前往，以示尊敬。进了太常府后，他就拉着桓荣枯瘦的手，默默垂泪，过了很久才肯离去。因为汉明帝对桓荣如此礼遇，所以朝中大臣前往太常府探病都不敢乘车到太常门口，而是同汉明帝一样走路前往，而且见了桓荣“皆拜床下”。桓荣过世以后，汉明帝换了丧服，亲自为其送葬，并善待他的子女，为他们做了妥善的安排。

光武帝时，他对自己的 10 个儿子都封了王，但是由于封地很小，因此不让他们到自己的封地去，让他们都在都城洛阳待着。光武帝死后，他的儿子们才开始到自己的封地去。刘荆是汉明帝的同母弟，在兄弟当中是才华比较出众的一位。到了封地之后，刘荆给废太子刘疆写信，说他无罪被废，应该从自己的封地东海起兵，像汉高祖那样取天下。刘疆接到书信后很害怕，连忙将信交给汉明帝。明帝看完信后，并未追究此事。后来东汉和羌人开战，刘荆又四处活动，明帝又让他去封地。到了封地后，刘荆问相士：“我长得像先帝（光武帝），先帝 30 岁当皇帝，我今年也 30 岁了，我今年可以起兵取天下吗?”听完他的话，相士害怕得不得了，将这件事情告诉了刘荆封地的官员，刘荆害怕了，将自己投进监狱。明帝依旧原谅了他。虽然有了前两次的经历，可是刘荆并没有接受教训，后来他又让巫师祭祀祝祷，希望自己能够取得皇位。此事被告发了以后，不等汉明帝有所反应，刘荆便自杀了。

汉明帝的异母兄弟楚王刘英，少年时候和明帝关系不错。刘英喜欢结交宾客，刻文字为符瑞，积极准备起兵造反。这件事情被一个叫燕广的人知道后，向朝廷告发了他。朝中因此有人上书汉明帝诛杀刘英，明帝不忍，只削了刘英的番号，将他流放。后来，刘英自杀。郭皇后生的两个儿子刘康和刘延也在封国结交宾客，图谋不轨。但因为不像刘荆、刘英那么严重，所以只是被削减封地。

其实汉明帝不仅对自己的老师和兄弟和善，对其治下的老人也是非常关注的。他在即位不久，就实行了“养老礼”，规定“三老、五更（对所推举的年高有德者之三公和次卿各一人的称呼）皆以两千石（知府、郎将以上的俸禄等级）禄养经厥身”，并“赐天下三老酒人一石（容量单位）、肉40斤。有司（地方州县长官）其存（存问，抚恤）耆（60岁）耋（70岁），恤幼孤，惠鳏寡”。

汉明帝虽然脾气暴躁，但是因为他统治时期政治清明，百姓老有所养，所以他还是受到很多人的推崇和爱戴的。

董永卖身葬父

董永，东汉千乘董家庄（今广饶县城南）人。

董永很小的时候，他的母亲就去世了，因此董永从小就和父亲相依为命。他和父亲以种田为业，非常孝顺父亲。

灵帝中平年间，山东青州黄巾起义，渤海骚乱，为了躲避战争，董永和父亲逃离家乡。他们先到了汝南（今河南省汝南一带），接着他们到了安陆（今湖北省孝感市），并在那住了下来。后来，父亲因病去世，而家里一贫如洗，董永因没有钱给父亲安葬内疚不已。不得已，董永只好卖身葬父——他向一有钱人家借了足够回乡葬父的钱，并且和该人家约定，等办好父亲的丧事，再回去做奴仆，以身抵债。得到了那人家的应允后，董永便带着借到的钱，将父亲的灵柩运回到家乡。

回到家乡办好父亲的丧事，董永按照约定回安陆还债。路上，董永遇到一位女子，此女子言明愿意嫁与董永为妻。董永非常感动，便和女子结为夫妻，之后夫妻二人相携到了债主家中。董永的妻子心灵手巧，而且有织布的好手艺，她同董永到了债主家中后，日夜为债主织绢，以此抵债。董永本人也同时在债主家中做杂役。不久，董永和妻子就还清了债务，恢复了自由身。

从此董永卖身葬父的故事一直被人传颂。后人根据董永卖身葬父的故事，编成了董永和七仙女的美丽爱情故事。人们怀着美好的愿望，将董永的故事一代代传颂着。

黄香温席——后人称颂

黄香，东汉时期江夏人。黄香以至孝及广泛阅读儒家经典，精心钻研道德学术而出名。

黄香自小就非常孝顺，在他九岁那年，他的母亲就去世了，他非常难过。黄香的母亲过世之前病了很久，在母亲生病的这段时间，黄香一直在母亲的病榻之前，端茶送水不离左右。母亲去世之后，黄香就更加孝顺父亲了，虽然他的年纪很小，不过他还是非常懂得照顾父亲，做事尽量不让父亲操心。

黄香年少的时候，生活贫困，到了冬天的时候，天气特别寒冷，家里也没有什么东西可以取暖。一个冬天的晚上，黄香正在读书的时候，感觉特别冷，捧着书卷的手一会儿就变得冷冰冰的了。黄香于是想到了父亲，他想天气这么冷，父亲晚上一定很难入睡。为了能让白天劳累了一天的父亲，晚上能睡个好觉，黄香就想了一个办法。每晚父亲就寝之前，黄香就偷偷走进父亲的房内，为父亲铺好被子，然后脱了衣服，钻进父亲的被窝里，用自己的体温，温暖了冰冷的被窝之后，才招呼父亲睡下。父亲为此很是感动，后来大家都知道了这件事情，“黄香温席”的故事就这样传开了。

夏天的时候，天气闷热，蚊蝇颇多，想要睡个好觉也是不太可能的。黄香为了能让父亲睡个好觉，大家都在院子里纳凉的时候，就拿着蒲扇，进入父亲的房内，赶蚊子，扇凉父亲睡觉的床和枕头。

日复一日，年复一年，黄香一直这样照顾着父亲。后人夸赞黄香“香九龄，能温席。孝于亲，所当执。”黄香温席的故事，一直为后人称颂。

陈情表孝——武帝感动

李密，字令伯，武阳（今彭山）人，晋初散文家。李密的祖父李光，曾任朱提太守。李密从小境遇不佳，出生六个月就死了父亲，四岁时舅父又强迫母亲何氏改嫁，他是在祖母刘氏的抚养下长大成人的。

李密以孝敬祖母而闻名，祖母生病时候，李密就衣不解带地在祖母身旁伺候，祖母的膳食、汤药等，他都要亲自尝过之后，再送给祖母服用。李密从小就非常好学，长大后博览五经，尤精《春秋左氏传》，以文学见长。年轻时，曾任蜀汉尚书郎。晋灭蜀后，朝廷采取怀柔政策，拉拢前朝旧臣，晋武帝更是提出了“以孝治天下”，因此李密很受推崇。先是征西将军邓艾敬慕他的才能，请他担任主簿。李密以奉养年迈祖母为由，谢绝了邓艾的聘请。后晋武帝立太子，慕李密之名，下诏征密为太子洗马（官名）。不过这时，李密的祖母已 96 岁，年老多病。为了照顾祖母，李密迟迟不肯赴诏。于是朝廷不断催促，有鉴于此，李密便作《陈情表》，陈述家里情况，说明自己无法应诏的原因。后祖母去世，李密守孝期满后才出仕。

《陈情表》言辞恳切，委婉动人，后有“读李密《陈情表》不流泪者不孝”的说法。晋武帝看了之后，也深为李密对祖母刘氏的一片孝心所感动，赞叹李密“不空有名也”。不仅同意李密可以暂不赴诏，为褒奖李密的孝心，他还赐给李密两个奴婢，供其使唤。除此之外，晋武帝还命李密所在郡县的长官，发给李密赡养祖母的费用。《陈情表》的大意是这样的：

我的命运坎坷，从小就遭遇到了不幸，我出生才六个月，我的父亲就不幸离开了人世。等我长到了四岁的时候，我的舅舅又强迫我的母亲改嫁。我的奶奶刘氏，怜悯我从小丧父，而且体弱多病，便亲手将我抚养成人。

我从小就体弱多病，到了九岁的时候还不会走路，一个人孤孤单单的，直到成年。我们家人丁不兴，我既没有什么叔叔伯伯，也没有什么兄弟姐妹，我自己则是在年岁不小时才有了儿子。另外，我们家外无亲戚，内无僮仆，我每天都是一个人孤孤单单地生活，只有我的影子和我相随。我的祖母刘氏的身体一直都不好，常年卧床不起，从来都是我亲自在她身边侍奉她吃饭喝药，不敢离开她半步。

到了圣朝（晋朝）建立，政治清明。先有太守推举我为孝廉，后有刺史推举我为秀才。但我知道我接受了他们的举荐后，便无法像现在一样侍奉祖母，而祖母也会因此而无人照顾，所以我辞谢了他们两位的好意。后来朝廷又特地下了诏书，任命我为郎中，不久又任命我为洗马。像我这样出身卑贱的人，能够担当服侍太子的职务，这种恩德就算死都难以报答呀。我将以上苦衷向上面的长官报告，告诉他们我无法就职。可是，朝廷的诏书急切严峻，责备我态度傲慢，不服从命令。接着郡县的长官催促我立刻上路；州官登门督促，十万火急，刻不容缓。我很想遵从皇上的旨意立刻为国奔走效劳，但祖母的病却一天比一天重，想要暂且顺从自己的私情，但报告申诉又不见准许。我是进退两难，处境十分狼狈。

我想圣朝是以孝道来治理天下的，即使是上个朝代的旧臣，尚且都还受到怜惜养育，何况我的孤苦程度更为严重呢？而且我年轻的时候曾经做过蜀汉的官，历任郎中和尚书郎，本来图的就是仕途通达，不顾惜名声贞操。现在我是一个低贱的亡国俘虏，实在卑微到不值一提，被过分提拔，恩宠优厚，怎敢犹豫不决另有所图呢？但是只因为祖母刘氏已是西山落日的样子，气息微弱，生命垂危，朝不保夕。我如果没有祖母，就没有今天；祖母如果没有我的照料，也无法度过她的余生。我们祖孙二人，互相依靠，命运相关，拳拳之情使我不能停止赡养祖母而远离。

我今年44岁了，祖母今年96岁了，我在皇上面前尽忠尽节的日子还长着呢，而在祖母刘氏面前尽孝尽心的日子已经不多了。我怀着乌鸦反哺的私情，乞求能够准许我完成对祖母养老送终的心愿。我的辛酸苦楚，并不仅仅是蜀地的百姓及益州、梁州的长官所亲眼目睹的，我内心明白，连天地神明也都看得清清楚楚。希望陛下能怜悯我愚昧诚心，请允许我完成一点小小的心愿，使祖母刘氏能够侥幸地保全她的余生。我活着当以牺牲生命，死了也要结草衔环来报答陛下的恩情。臣下我怀着牛马一样不胜恐惧的心情，恭敬地呈上此表以求闻达。

打虎救父——孝子典范

杨香，晋朝时有名的孝子，打虎救父的故事说的就是他。

杨香 14 岁的时候就经常跟着父亲去田里收割庄稼。有一天，杨香又随父亲前去收割庄稼，突然一只老虎窜了出来，扑倒了杨香的父亲，叼着他准备离开。杨香吓得呆住了，不过，不一会儿他就立刻清醒了过来，他明白父亲已经遭遇危险，自己必须前去救自己的父亲。当时，杨香手无寸铁，不过他想也没想，用力一跳，就跃上了虎背。老虎吓了一跳，口一松，父亲就掉下来，滚到路边。不过他的父亲吓得昏了过去。

杨香抓紧了虎脖子的皮，用力捶打老虎的鼻子和眼睛。他曾听人说过，制服野兽最好的法子，就是抓紧它的脖子。他于是用力掐住老虎的喉咙不放，一心想救父亲脱险。突然他听到一声闷吼，就更用力掐老虎的喉咙。老虎几乎喘不过气来，立即猛力一挣，挣脱了杨香双手，逃入山林去。杨香也被摔倒在地上。

杨香坐在地上缓了缓神，走到父亲的跟前，弄醒了父亲，问父亲是否受伤。脸色苍白的父亲，似乎给吓坏了，问杨香刚才是否有老虎扑向自己，得到肯定的回答后，还问老虎去了哪里。杨香安慰父亲说老虎已经跑了。杨香的父亲这才松了一口气，等他缓过神来的时候，才发现杨香的双臂上布满伤痕和血迹，不禁大惊道："哎呀！老虎伤了你吗？"

杨香笑道："老虎不曾伤到我，是我打伤了它。"接着他向父亲陈述了打虎的经过。他告诉父亲自己一定要救他的。父亲感叹道："你不过是个 14 岁的孩子，居然敢跟老虎搏斗，真难为你了。我从来不知道你有这么大的力气呀！"

杨香告诉父亲，自己也不知道哪里来的力量和勇气，当时就只有一个念头，一定不能让老虎伤害父亲，否则他也无法活下去。

从此以后，杨香"打虎救父"的故事就一直被人们传颂着，杨香也一直被称为孝子中的典范。有人写诗称赞杨香：

深山逢白额，
努力搏腥风。
父子俱无恙，
脱身虎口中。

赡养老人——九州动容

林秀贞，是2006年感动中国人物之一。感动中国评选委员会给她的颁奖词是：善良在村庄流淌，她用三十年的热心，来温暖世道。她给人的感动印象是：用三十载爱心，让一村之中，老有所终，幼有所长，鳏寡孤独废疾者皆有所养。富人做这等事是慈善，穷人做这等事是圣贤，农人做这等事是伟人，这等农妇让九州动容。

1946年出生的林秀贞，是河北省衡水市枣强县王常乡南臣赞村一名普通的农民，然而她却做出了不平凡的事业，令中国感动。她先后荣获全国优秀共产党员、全国“三八”红旗手、全国“五好家庭”、河北省优秀共产党员、2005年“感动河北十大人物”、衡水市优秀共产党员、衡水市“双十佳”文明市民标兵、衡水市十星级文明家庭“标兵户”等荣誉称号。

林秀贞是从1976年开始自愿照顾孤寡老人的，到2006年，林秀贞义务赡养孤寡老人8人，使他们“老有所养”，过上了幸福的晚年生活，其中一位已在林秀贞家生活了26年……

1976年，王常乡受旱，粮食减产。入冬后的一天，林秀贞给斜对门朱书贵、刘秀焕家送饺子的时候，发现两位老人正在喝冷粥，整个屋子冷冰冰的。林秀贞看到此情此景，眼泪忍不住就掉了下来。

林秀贞回家后，将两位老人的情况同家人说了，家人一致决定帮助两位老人。于是，第二天，林秀贞和丈夫朱金英便买来煤炉、铝锅和600斤煤，一点点搬到朱家，让两位老人舒服地度过了那个冬天。第二年开春的时候，林秀贞又和丈夫一起自己动手维修好老人的房子。

从此以后，林秀贞就常常照顾朱书贵两口子——知道他们有胃病，就托人买了红糖给老人冲水喝；家里做了好吃的，不忘给两位老人送去一份；逢年过节还不忘叫上两位老人一起度过。在她的照顾下，两位老人不但身体渐渐地好起来，而且气色也好了。

1983 年的一天，86 岁的朱书贵老人不小心摔了一跤，躺在炕上起不来了。84 岁的刘秀焕老太太看“老头子”变成这样，一着急，也病倒了。为了照顾两位生病的老人家，林秀贞夫妻二人抱着自家的被子，到老人家中和他们一起睡。夫妻二人就像是对待亲生父母一样照顾着两位老人，端茶送水，洗衣换裤，对两位老人照顾得无微不至。不久朱书贵带着对林秀贞夫妻二人的感激，离开了人世。因为老人没有子女，林秀贞的丈夫就充当老人的孝子为老人送葬。一年后，老太太刘秀焕也追随丈夫去了，当时林秀贞家中已无积蓄，为了安葬老人，他们只好向亲戚朋友借钱。

1981 年，村里实行家庭联产承包责任制的时候，林秀贞又向生产大队提出赡养朱书常、朱金林两位老人的想法。生产大队先是犹豫，因为林秀贞还养着朱书贵夫妻二人呢，何况朱书常还是个智障人士，这样会给林秀贞带来很大的麻烦。不过在林秀贞的坚持下，生产大队同意了她的要求。就这样林秀贞又担起了照顾朱书常、朱金林两位老人的责任。1994 年朱金林去世，1996 年林秀贞便将朱书常接到自己家中奉养。后来朱书常闹着要回家，林秀贞只好让人为他修好朱家已经倒了一半的旧居。

1988 年，老党员朱淑芬的丈夫去世后，成了孤寡老人，林秀贞就负起照顾老人的责任。

1996 年冬天，林秀贞邻村的一位 81 岁的孤寡老人张振起摔瘫了，大家帮着将老人送进了医院，之后林秀贞一直在医院照顾老人。老人出院后就在林秀贞的家中住了下来。林秀贞夫妻二人用心照顾着这位老人，照顾他的生活起居，帮助他康复。在林秀贞家住了五年之后，88 岁的张振起又患起病来，有时候还会有严重的幻想。林秀贞夫妻为了哄老爷子，想尽了办法，村子里的人和张振起村子的人都很感动。

1987 年，林秀贞和堂弟合办了一个玻璃钢厂。到 2006 年为止，她的玻璃钢厂先后招了 20 名农民职工，其中有 8 人身患残疾。玻璃钢厂赚钱了以后，她就捐钱给村里，帮着修学校，换课桌椅，修路等。她前后资助过 14 名贫困家庭大学生入大中专院校学习。

1998年1月，林秀贞到合肥洽谈业务，在火车站候车时遇到一名弃婴。婴儿由于患有先天性心脏病和小儿痴呆症而被遗弃。林秀贞把婴儿带回家，并为他治病。然后还正式领养了这个孩子。

林秀贞三十几年如一日，一心帮助、照顾身边需要帮助的人，给他们提供关爱，不求回报地付出着。两千多年前孟子曾说过："老吾老，以及人之老，幼吾幼，以及人之幼。"他应该感到欣慰了，因为千百年来一直有人秉持着这样的信念活着，林秀贞就是其中的代表。相信会有越来越多的人，像林秀贞一样，努力为社会付出。

信守一生——道德楷模

谢延信，2007年感动中国十大人物之一，感动中国评委会给他的颁奖词是：当命运的暴风雨袭来时，他横竖不说一句话，生活的重担压在肩膀上，他的头却从没有低下！用33年辛劳，延展爱心，信守承诺。他就像是一匹老马，没有驰骋千里，却一步一步地到达了善良的峰顶。感动中国推选委员杜玉波，对谢延信这样评价：这个人对爱情忠贞，对老人孝顺。谢延信，人如其名，信守一生。

谢延信，原名刘延信，是焦煤集团鑫珠春工业公司机电科的一名普通员工。1973年，谢延信与同村姑娘谢兰娥喜结良缘，一年后谢兰娥产下一女，女儿满月后不久谢兰娥去世。谢兰娥去世之前，叮嘱丈夫要代替自己好好照顾自己的父母和智障的兄弟，谢延信含泪答应。此后，谢延信守着对妻子的忠贞誓言和对岳父、岳母的孝心走过了风雨33年。

谢兰娥过世之后，谢延信向谢父、谢母承诺："兰娥不在了，我就是你们的亲儿子。你们有病我伺候，百年以后我送终！"两位老人听了刘延信的话后，很感动，告诉谢延信他们很感谢他有这样的孝心。谢兰娥的丧事办完之后，谢父别了妻儿，一个人去了300多里外的焦作煤矿上班。谢延信把谢母和妻弟都接到家里，安顿下来。谢延信白天出外干活挣工分，干完外面的活后，回家后再打理家务，殷勤地照顾着岳母和妻弟。谢母的身体一直非常不好，患有严重的肺气肿、低血压、胃溃疡、关节炎，不能干活，不能沾凉水。延信把洗衣做饭的家务全包了。妻弟生活不能自理，每天吃喝拉撒都需要延信亲自料理。虽然谢父也按时捎些钱回来给谢延信，一家人生活依然困苦，但很温馨。

但是这样的日子没有坚持多久，1979 年春天，谢父在煤矿宿舍深度中风，被工友送到医院抢救，几天后老人从昏迷中醒来，不过却失去了站立的能力，成了瘫痪病人。原本就不富裕的家庭，此时因为失去一个劳动力而增加了一个病人，生活变得更加艰难了。不过坚强的谢延信没有怨天尤人，他默默承受起了这一切，用自己的脊梁挑起了生活和家庭的重担。

为了方便给岳父治病，谢延信在岳父单位的帮助下，在他们单位职工临时招待所找到两间 9 平方米的小房，开始了异地的艰难生活。岳父每月 60 多元的病休工资养活不了全家 4 口人。延信就一边伺候岳父，一边抽空到附近的砖窑场打零工。

谢父患病后，生活不能自理，谢延信便悉心地照料着老人——老人大便时常干结，他就用手一点一点地帮他抠；老人双腿浮肿，他就每天给他按摩；老人躺着不能动，他就时常为老人翻身；天气好的时候，就背老人家出门晒晒太阳，吹吹风；老人用的被褥也经常换洗。

1996 年 8 月，已经瘫痪在床 18 年之久的谢父走到了生命的尽头，弥留之际老人家似乎有事交代。谢延信知道岳父的心思，含泪对老人说："爹，您放心，只要我有一口饭吃，就不会让娘和弟弟饿着。娘百年后，让弟弟跟着我，决不让弟弟受一点委屈！"老人闻言，安心地合上了眼睛。

因为要照顾两位患病的老人和智障的妻弟，谢延信在女儿四岁的时候就将孩子送回老家让母亲帮着带养。没想到几年后，不幸又发生在了女儿身上，10 岁的女儿和小伙伴们玩游戏的时候，不小心被砖头误伤了眼睛，造成一只眼睛永久失明，这又成为谢延信心中永远挥之不去的痛。虽然觉得对女儿非常愧疚，但是在女儿出嫁的时候，他依然没有给女儿办很好的嫁妆，只是送了一本织毛衣的书，并提了几个字——黄连水虽苦，饮后舌根下却有甜的回味；糖精水是甜的，含量过度则变成苦水。这充分表明，有苦方有甜，甜与苦相连，甘愿常吃苦，方能长久甜。懂事的女儿明白父亲的良苦用心，一直小心地保护珍藏着父亲给自己的嫁妆。

其实在谢兰娥过世之后，就有人不断地给谢延信介绍对象，只是每次谢延信都会告诉对方自己无法丢下亡妻的一家人，很多人因此而放弃和他组成家庭。直到 1984 年，一位善良的女子——谢粉香不畏艰难困苦，走到了他的身旁，同他一起照料这个困难重重的家庭。

生活对谢延信一直是残酷的，1990 年期，谢延信就患上了高血压，为了给岳父母买药治病，他一直省吃俭用，直到自己生病时，他还是舍不得给自己花一分钱上医院看医生。他听人家说吃醋泡花生可以治疗高血压，于是就按照这个方子一直吃了 13 年的醋泡花生。吃了 13 年的醋泡花生的谢延信终于支撑不住了，2003 年，谢延信脑出血三次，虽然经过抢救，人是活过来了，可是落下了行动迟缓的后遗症。这时谢延信只好让善良的妻子谢粉香从老家赶到他的工作地，与他一起照顾老人和妻弟。谢粉香二话不说，从老家赶了过来，陪着丈夫一起照顾谢母及谢兰娥的弟弟。

谢延信的工资不高，然而家中买药的花销却不小，为了能省点钱给老岳母买点好吃的，谢延信自己常常就只能吃点腌咸菜，鞋子、衣物一用就是好多年。然而他一点怨言都没有，每天早上，他都是早早起床，做好早饭，帮岳母洗脸梳头，然后喂妻弟吃饭。最后才是自己匆匆扒几口饭，接着赶去上班。

日子一天天过去，当年的那个年轻小伙子，也已经两鬓斑白了，世事在变，唯一不变的是谢延信对妻子的承诺，对老人的承诺。谢延信的行为深深打动着身边的每一个人，邻居们常常也会对谢延信的老岳母嘘寒问暖，有时候也会帮他们做些家务。邻人更是以他为榜样，努力向他学习。

谢延信用行动为社会做出了良好的表率，为此他曾先后荣获河南省敬老楷模特别奖、全国五一劳动奖章，河南省“十大道德楷模”、“中华孝亲爱老之星”等称号。2006 年 8 月 8 日，由国家煤矿安全监察局、中国煤炭工业协会、中国煤矿文联、中国能源化学工会全国委员会联合举办的“兖矿杯”寻找感动中国矿工的评选活动中，谢延信入围前 20 名，以并列第一名全票当选。2007 年 9 月 18 日，谢延信荣获“全国道德模范”，受到胡锦涛主席等中央领导同志的亲切接见。

第四章　无求生以害仁

公家之利，知无不为，忠也。

——《左传·僖公九年》

急中生智退秦师——弦　高

弦高是春秋时期郑国商人，以贩牛为业，经常来往于各国之间做生意。鲁售公三十三年（公元前627年），弦高在做生意的途中，遇到前往郑国偷袭的军队。弦高以他的机智，顺利地化解了郑国的危机，使郑国避免了一次灭亡的命运。当郑国君主要奖赏他时，他却婉言谢绝：“作为商人，忠于国家是理所当然的，如果受奖，岂不是把我当做外人了吗?”

晋文公重耳打败楚国之后，大会诸侯。郑国原本已归附于楚国，不过此次诸侯大会，郑国国君还是参加了，而且和晋国订了盟约。郑国虽然和晋国订了盟约，但是因为害怕楚国，暗地里又跟楚国结了盟。晋文公知道了这件事情后非常生气，打算集结上一次诸侯大会中的各诸侯前去讨伐郑国。不过晋国的谋士们劝住重耳不要这么做，他们的理由是晋国的兵力足以对付郑国了，不必再麻烦其他诸侯了，况且晋国会集诸侯已经好几次了，不宜再兴师动众。

晋文公想了想，觉得谋士的话有道理，不过因当时秦晋交好，也曾约定有事的时候，一定要一起出兵。为了不失信于秦，晋文公便叫人通知了秦国。当时秦国的国君秦穆公正想向东扩张自己的势力，于是就亲自领兵前往郑国。秦晋联兵前往郑国后，晋国的兵马驻扎在郑国西面，秦国的兵马驻扎在郑国东面。郑国国君见对方来势汹汹，十分着急，派烛之武去劝说秦穆公退兵。

烛之武见了秦穆王后，向秦穆王分析了郑国灭亡之后，秦国得不到好处，得到好处的都是晋国。而且当晋国得到郑国的土地后，实力大增，自然会对秦国造成威胁。并且答应要是秦和郑讲和，以后秦国的使者要是经过郑国，可以得到郑国的款待。秦穆公听了烛之武的话后，觉得烛之武分析得十分有道理，于是答应撤兵，单独与郑国讲和。秦穆王领了大部分人马回秦，留下了杞子率领2000人马为郑国守卫北门。

晋国军队见秦军走了，而且还和郑国讲和，帮助郑国抵御晋国，因此非常生气，想要攻打留在郑国的秦军。晋文公比较冷静，他分析了当前的局势，觉得还是不打比较好。然后他又想办法和郑国重新定了盟约，撤兵回晋。

留守晋国的秦军听说郑国竟然与晋国签订盟约，怒不可遏，忙向秦穆公报告，请求讨伐郑国。秦穆公不想与晋国交恶，此事只得作罢，然而秦穆公却一直对此事耿耿于怀，想找机会报复郑国。

两年后，也就是公元前628年，晋文公病逝，秦国国内有人认为趁晋文公的丧礼尚未举行之际，攻打郑国是最佳时期。因为，晋国国丧，无暇顾及到秦和郑之间的斗争。依然留守在郑国北门的秦军将军杞子也写信给秦穆公说："郑国北门在我手中，若派兵速来偷袭，不难马到成功。"此事虽然遭到秦国两位名臣蹇叔和百里奚的反对，不过秦穆公还是命孟明视为主将，西乞术，白乙丙为副将，率领三百辆兵车，前去偷袭郑国。秦军一路上悄悄进发，一路上竟未遇到什么阻挡，第二年便踏入了南接郑国的滑国（在今河南省）境内。

恰巧这个时候，郑国商人弦高此时正赶着牛群去周朝的首都洛阳做生意，走到滑国境内，得知秦师将偷袭郑国，不禁心焦如焚。他想秦军来者不善，而郑国却是毫无准备，即使自己立即赶回郑国去报告也已经来不及了。国难当头，匹夫有责。弦高左思右想，当看到自己的"货物"——牛群时，他突然眼前一亮，因为他想到了一条缓兵之计——他先是派人日夜兼程回郑国报告敌情，自己则迎上秦军，假托自己是郑国派来的使臣，求见秦国主将。

孟明视心想自己是悄悄进发，郑国怎么会知道自己的行踪呢，于是连忙召见弦高。弦高见到孟明视后，奉上熟牛皮四张，肥牛 12 头，假托是奉了郑国国君之命前来犒劳秦军的郑国使臣。弦高对孟明视说："我是郑国的弦高，我国国君听说三位将军远道而来，特派小臣赶来在此敬候，先赠薄礼一份犒劳贵军将士，表示我们的一点心意。"

孟明视听后大吃一惊，只得随机应变，顺水推舟地收下礼物后搪塞说："听说贵国国君新丧，吾君为防止晋国乘机进犯，故派我来协助防卫。"

弦高镇静地说："郑国处于秦晋大国之间，不得不日夜警戒，因此不怕有来犯者，请将军放心。"

秦军本想与杞子里应外合进行偷袭，给郑国一个措手不及，不想大军才入滑国，郑国就派了使者前来迎接，又听说郑国早有戒备，偷袭便无法进行了，强攻估计也不行。思虑到这些情况，孟明视已经做好回秦的打算，但依然假装关心地问弦高："如此说来，郑国不用我们援助了吧！"

弦高答道："我们郑国虽然势单力薄，不过已经为为贵军的到来做好了准备，如果将军想在郑国驻扎，我们就准备住房和粮草；如果贵军只是路过郑国，我们就负责你们一夜的警卫。"

孟明视以为郑国真的做好了万全的准备，只好说："我们这次来是为帮你们防止晋国侵犯的，既然你们早有防备，我们就班师回国了，你们不必为我们费心了，就请使臣大人回去吧！"

弦高走后，秦军准备回国，却又不能空手而归，于是就地灭了滑国西还。秦军做梦也没有想到，他们刚行到半道上却被设伏的晋国军队全部歼灭。

再说郑国国内，郑国国君接到弦高的紧急报告，十分震惊，急忙叫人到北门去观察秦军的动静。果然发现秦军把刀枪磨得雪亮，马匹喂得饱饱的，正在作打仗的准备。郑国于是立即布置城防，加强戒备。同时郑国还向杞子等三位秦军将领下了逐客令，说："各位在郑国住得太久，我们实在供应不起。"杞子知道军机已经泄露，只得连夜撤走。郑国因此度过了一次危机。

秦兵退后，郑国国君召见了弦高，并要奖励他，他却坚决辞而不受，说保家卫国是一个国民应该做的事情。弦高虽然只是一个普通的商人，然而在国家面临危难的时候，他却能临危不惧，为国舍财施计，终以其非凡的胆略和智谋，不花一兵一卒击退秦师，保卫了郑国的安全。此等勇气和智谋实在是令人折服。

清高廉洁的介子推

介子推，晋文公重耳的臣子，周晋（今山西灵石）人，生年不详。公元前656年，重耳遭到“骊姬之乱”的迫害，被迫流亡外逃。当时与重耳一起随行的有五位贤士，介子推即是其中之一。在逃亡的过程中，重耳和一行的几人可谓是吃尽了苦头，饱尝了辛酸。有一次重耳等人被围困，断了粮食，介子推便割下自己大腿上的肉煮来给重耳吃，重耳深受感动，并许诺有朝一日他若能回国的话，一定好好报答介子推。

公元前636年，在外流亡了19年后的重耳回到了晋国，并且登上了晋国国君之位，即为晋文公。晋文公登位后第一件事，便是赏赐和他一起逃亡的功臣，陶叔狐等人更是主动请赏。那些和晋文公共患难的人都有了金银财宝和很高的官爵，独有介子推一人，被晋文公忘记了。

介子推见此情景暗自摇头，并耻于与那帮自恃功高的臣子们为伍，就有了归隐山林的想法。有一天，介子推倒在椅子上连声叹气。母亲便对他说：“你的功劳很大，为什么不和大王说明，求一个官做做呢?”

介子推坐直身子对他母亲说：“我不是想得到赏赐，主公能够返国，实在是上天的意思，并不是因为我的功劳 。我之所以叹气是因为看不惯那些不断要求主公赏赐的小人，自以为有功就摆出一副得意洋洋的样子。他们都是一些卑鄙小人，都想将功劳拉在自己的身上，实在太可耻了，我不愿意和他们在一起做事，我想回到乡下种田，又怕您不同意我的做法。”母亲见介子推这么说，很高兴地说：“你的志向很高，不贪求功利，我太高兴了。”于是母子二人便一起到绵山上去了。

当时介子推的一位邻居为介子推鸣不平，于是就写了封书信挂到宫门上。信上说：龙失其所，周游天下，众蛇从之。龙饥乏食，一蛇割股。龙返于渊，安其壤土。数蛇入穴，一蛇于野。晋文公一看书信，立刻就回忆起当初介子推为自己割肉，小心伺候自己的事情来，不由得为自己的粗心而懊恼，因此，立即派人前去请介子推。不过此时介子推已经不在城内，到绵山上去了。

得知介子推已经去了绵山之后，晋文公很内疚，觉得介子推是因为生自己的气了，所以更觉得非得找到他不可。于是派人前往绵山去找介子推。可是绵山很大，又长满了树木，100多个人在绵山找了三天三夜，还没有找到介子推。当时有人建议，用火烧山，介子推是个大孝子，一定不忍心看着母亲被烧死，他见了火，一定会背着母亲跑出来的。

介子推和母亲藏在山内，知道晋文公派人来找他，他仍然不愿意出来。后来大火烧到他们的身旁，介子推连忙对母亲说："我背您出去吧，不然，就要被烧死了。"

他的母亲睁大眼睛对他说："你不是不愿意和那些争权夺利的小人在一起吗？现在怎么又怕死了呢？"

"不。"介子推说，"我不怕死，但是我不能让母亲大人和我一起死呀。"说完眼泪都流了下来。

他的母亲说："既然你都不怕死了，做母亲的也不能让儿子为了我改变心志，既然如此，那么我们就死在一起吧！"于是母子二人躲在深山之中，一直不肯出来，直到树木烧光了，火熄了。大家看到介子推和他的母亲合抱着一棵树，两人都已被烧焦了。晋文公看到后非常悲痛，为了纪念介子推，改绵山为介山，将山上所有的田，改为祭田。

因为晋文公放火烧山的日子是农历三月份，因此后来人们就在每年的三月份不生明火，吃冷饭以此来纪念介子推。后来一个月渐渐减少到一天，即为"寒食节"——清明节的前一天。在寒食节那天，家家户户门上插柳枝、烧纸钱、在野外祭祀、吃冷饭，这些就成了民间纪念介子推的传统。不过，如今人们也常在寒食节那天纪念死去的亲人。

布衣之怒震秦王

唐且，或称唐雎，战国时代魏国著名策士。唐且善于辞令，又有胆有识，忠于使命，不畏强权，敢于斗争，是个老练的外交家和坚贞的爱国者。

秦昭王时期，齐、楚联合攻魏，魏王多次派人去秦国求救，可是秦国迟迟不肯出兵相救。在此国家危亡之际，唐且自告奋勇，去游说秦王，使得秦昭王同意发兵救魏。

秦昭王死后，秦国又传了两位国君后，中国的第一位皇帝——秦始皇成了秦王。秦始皇一直野心勃勃，亲政后，更是听取了李斯的灭六国的建议，着手规划统一中国的大业。其总的战略方针是由近及远，集中力量，各个击破：先北取赵，中取魏，南取韩，然后再进取燕、楚、齐。秦王首先选择的攻击目标为赵国，但因为赵国实力不俗，于是秦先灭韩，接着再吞并了赵国，赵国被灭了之后不久，魏国也成了秦的战利品。

魏亡之后，秦始皇又想吞并原为魏国的附属国安陵（在今河南鄢陵西北），加强自己在中原地区的势力。于是他就派使臣对安陵君说："我想用五百里方圆的土地交换安陵，您可答应我吗？"安陵君自然知道秦王是不会用土地来换安陵的，更何况安陵是祖先传下来的土地，他当然不会将安陵随便送给别人。因此，安陵君拒绝了秦始皇的要求，他说："非常感谢秦王您的恩典，用那么一大块土地来换我这个小小的安陵。虽然你给的条件非常优渥，而且很诱人，不过安陵是我的先人传下来的，我不敢做不肖子孙，用它来做交易。我只希望自己能够保有这块土地，将来将它传给我的子孙，那样的话，我算是无愧于祖先了。"

秦始皇听了安陵君的话后，心里很不高兴，就想兴兵讨伐安陵。安陵君送走秦国的使者后，也是日夜担心，他知道秦始皇肯定不会善罢甘休的，他一定会对安陵施加报复的。安陵已经处在危险之中，此时安陵君想到了曾经游说过秦昭王的唐且，想让他出使秦国斡旋此事。

唐且接到安陵君的委托之后，就动身去了秦国。秦始皇一见唐且到来，便开门见山地问道："我想用五百里的土地交换安陵，安陵君却坚持不换，这是什么道理呢？难道是看不起我吗？"

唐且答道："不，不是这样的。我们主公受地于先王而想保有它，纵然是千里，也是不敢交换的，何况是五百里呢！"

秦始皇一听，勃然大怒，对唐且说："你听说过什么是天子发怒吗？"

唐且回答说："没说过。"

秦始皇说："天子发怒，就会伏尸百万，流血千里！"

面对这种恐吓，唐且毫无惧色，他从容镇定，针锋相对地反问道："大王您听说过什么是布衣发怒吗?”

秦始皇轻蔑地说:“布衣发怒,只不过是把帽子脱掉,光着双脚,用头撞地罢了。”

唐且说:“不,那是平庸无能的人发怒,而不是有才能有胆识的人发怒。当年,专诸刺杀吴王僚的时候,彗星掠月而过;聂政刺韩傀的时候,竟然出现一道白光冲上太阳;要离刺庆忌的时候,竟有一只苍鹰扑击到宫殿之上。这三个人虽然都是普普通通的布衣之士,但当他们内心的愤怒还没有发作的时候,上天就会降下预兆!现在,专诸、聂政、要离加上我,那就是四个了!我要真的发起怒来,倒下的虽然只有两个人,血流也不过五步之遥,但天下人却都要因此而披麻戴孝。看来今天就是时候了。”说完,就站了起来拔出随身携带的宝剑,对秦始皇怒目而视。

秦始皇吓得变了脸色,心想:没想到天下还有此等不怕死的人,看来用恐吓的办法是不能让他屈服了。于是态度就缓和了下来,庄重地坐着,并且面向唐且,对他赔礼道歉:“先生请坐,先生请坐,何必如此呢!我明白了,韩、魏灭亡而只有五十里地的安陵却保存了下来,就是因为有先生的缘故啊!”

唐且的这种不畏强暴、威武不屈的精神,不但使当时的秦王被震慑住了,而且还保住了安陵。他这种不畏强权的精神实在是令人佩服。唐且的外交手段一向被人称道,除了不畏强权的一面,有时候他也非常谦逊。

公元前257年,秦国的军队包围了赵国的都城邯郸,赵国危在旦夕。就在这个时候,魏国的信陵君窃得兵符,杀了晋鄙,击破了秦军,解救了赵国的邯郸之围,赵国也因此得到了保全,赵王因此非常感谢他,并亲自到郊外去迎接他。唐且对信陵君说:“事有不可知者,有不可不知者;有不可忘者,有不可不忘者。”信陵君不解,问唐且是什么意思。唐且回答他:“人之憎我也,不可不知也;吾憎人也,不可得而知也。人之有德于我也,不可忘也;吾有德于人也,不可不忘也。今君杀晋鄙,救邯郸,破秦人,存赵国,此大德也。今赵王自郊迎,卒然见赵王,臣愿君之忘之也。”大意是:别人讨厌自己,要清楚;自己如果讨厌别人,则不该让他知道。要记住别人的恩惠,而不该将自己对别人的恩惠老放在心上。唐且是要信陵君在见赵王的时候,不要表现出骄横,不要以赵国的救世主的姿态出现在赵王面前,否则会引起赵国人的不满。信陵君明白了唐且的意思后,恭敬地接受了唐且的指教。

从历史上来看，唐且的确是一个有勇有谋的外交大家。

闯宫见刘邦的樊哙

樊哙，沛县（今江苏省沛县）人，西汉开国功臣，汉高祖刘邦的心腹，封舞阳侯，谥武侯，以勇著称。

樊哙出身寒微，早年曾以杀狗卖狗肉为生，他和汉高祖刘邦是好朋友，曾经和刘邦一起隐藏在乡间。最先刘邦在丰县起兵时，樊哙就跟在他的身边。后来他们攻取了沛县，刘邦成了沛公，就封樊哙为舍人。之后，樊哙又跟随着刘邦攻打胡陵、方与，接着返回丰县，镇守县城，在丰县城下，他领兵击败了泗水郡郡监所带领的军队，再次平定沛县。在薛县西部，樊哙击败了泗水郡守所带领的军队。在砀东，他与章邯的部下司马交锋，击退敌军，斩敌首十五级，被赐爵为国大夫。

樊哙经常跟随在刘邦的身边，刘邦在濮阳攻打章邯的军队，攻城时他率先登城，斩首 23 级，被赐爵为列大夫。他跟从刘邦攻打城阳，又是率先登城，同时还攻下了户牖，打败了秦将李由的军队，斩敌首 16 级，被赐上间爵。在成武，樊哙跟随刘邦围住了东郡守尉，击退敌军，斩敌首 14 级，俘虏 11 人，被赐爵五大夫。跟从刘邦袭击秦军，出兵亳南，在杠里击破了河间郡守的军队。在开封以北又大败赵贲的军队，因为在战斗中英勇杀敌，率先登城，杀死一个侦察兵的头目，斩敌首 68 级，俘虏 27 人，被赐卿爵。在曲遇，随刘邦攻破杨熊的军队。攻宛陵时，率先登城，斩首 8 级，俘虏 44 人，被赐爵，封号贤成君。攻郦县时，斩首 24 级，俘虏 40 人。霸上，杀秦都尉一人，斩首十级，俘虏 146 人，收降卒 2900 人……

樊哙一路跟随刘邦南征北战，作战英勇的他每次作战时都是身先士卒，而且总能保护刘邦，故此刘邦对他极为信任，总是将他带在身边。

项羽驻军垓下，准备进攻刘邦。刘邦带领一百多骑兵来到项营，通过张良与项伯的关系面见项羽，向项羽谢罪，说明自己并没有封锁函谷关，不让诸侯军进入关中的事。项羽设宴犒赏军中将士，正在大家喝得似醉非醉的时候，项羽谋臣范增想趁机杀死刘邦，命令项庄拔剑在席前起舞，乘机刺杀刘邦，而项伯却一再挡在刘邦的前面。这时只有刘邦和张良在酒席宴中，樊哙在大营之外，听说事情紧急，就手持铁盾牌来到大营前。守营卫士阻挡樊哙，樊哙径直撞了进去，站立在帐下。项羽注视着他，问他是谁。张良说："他是刘邦的参乘樊哙。"

项羽称赞道："真是个壮士！"说罢，就赏给他一大碗酒和一条猪前腿。樊哙举杯一饮而尽，然后拔出宝剑切开猪腿，把它全部吃了下去。项羽问他："还能再喝一碗吗？"

樊哙说道："我连死都不怕，难道还在乎这一碗酒吗！况且我们刘邦首先进入并平定咸阳，露宿霸上，以此来等待您的到来。大王您今天一到这里，就听信了小人的胡言乱语，跟刘邦有了隔阂，我担心天下从此又要四分五裂，百姓们都怀疑是您一手造成的啊！"

项羽听罢，沉默不语。刘邦借口要去上厕所，暗示樊哙一同离去。刘邦已经出去，项羽派都尉陈平去招呼刘邦（回来）。刘邦（对樊哙）说："刚才出来没有告辞，这怎么办呢？"

樊哙说："做大事情不必顾虑细枝末节，讲大礼不必讲究小的礼让。现在人家正像切肉的刀和砧板，我们是鱼和肉，为什么（还要）告辞呢？"于是就走了。就叫张良留下（向项羽）辞谢。出营之后，刘邦把随从车马留下，独自骑一匹马，让樊哙等四个人步行跟随，从一条山间小路跑回霸上的军营。项羽也就至此了事，没有诛杀刘邦的念头了。第二天，项羽带领军队进入咸阳，大肆屠戮，立刘邦为汉王。

当刘邦回军平定三秦的时候，樊哙单独带兵在白水以北攻打西城县丞的军队，又在雍县之南攻打雍王章邯的轻车骑兵，都打败了他们。接着在一系列的战斗中，樊哙又屡立战功，得到了刘邦的赞赏。在楚汉战争中，樊哙又打了不少胜战，为刘邦赢得楚汉战争立下了汗马功劳。特别是在攻打阳夏时，汉军俘虏了楚国周将军的士卒 4000 人，还把项羽围困在陈县，大败楚军。

项羽死后，刘邦自立为皇帝，因樊哙坚守城池和出击作战有功，受到了极大的封赏。后樊哙因平定韩信有功，受赐为侯，刘邦除去樊哙以前的食邑，赐食舞阳，号为舞阳侯。

刘邦一直将樊哙当成自己的心腹，因此一直让樊哙跟在自己的身边，后来还让他娶了吕后的妹妹吕须为妻，生有一子樊伉，因此和其他将领相比，高祖对樊哙更为亲近。

以前在黥布反叛的时候，高祖一度病得很厉害，讨厌见人，他躺在宫禁之中，诏令守门人不得让群臣进去看他。群臣中如绛侯周勃、灌婴等人都不敢进宫。这样过了十多天，樊哙终于忍不住，带领群臣推开宫门，径直闯了进去。这时朝中大臣看到刘邦正枕着一个宦官躺在床上。樊哙见到刘邦之后，痛哭流涕地说："想当初陛下和我们一道从丰沛起兵，平定天下，那是什么样的壮举啊！而如今天下已经安定，您又是何等的疲惫不堪啊！听说你病得很严重，朝中大臣们都感到非常恐慌，不知道该怎么办，您又不肯见我们这些人，不和我们一起讨论国家大事，难道您只想和一个宦官诀别吗？难道说您忘了赵高作乱的往事吗？"高祖听罢，于是笑着从床上起来。

后来卢绾谋反，刘邦命令樊哙以相国的身份去攻打卢绾。这时刘邦又病得很厉害，有人诋毁樊哙和吕氏结党，说樊哙正等着刘邦死去，然后将刘邦最喜爱的妾戚夫人及其子赵王如意杀死。刘邦此时已经病得快要死了，听说此事后只顾生气，根本就没有仔细思考其中的玄虚，也没有让人去调查，而是立刻命令陈平用车载着绛侯周勃去代替樊哙，并在军中立刻把樊哙斩首。陈平因惧怕吕后，并没有执行刘邦的命令，而是把樊哙押赴长安，等向吕后报告后再做处置。不过等他们回到达长安时，高祖已经去世，吕后控制了国家大权，她下令放了樊哙，并恢复他的爵位和封邑。

汉惠帝六年（公元前 189 年）时，樊哙去世了，谥号为武侯。他的儿子樊伉代其侯位，妻子吕须被封为临光侯。樊哙在攻城掠地时的勇猛无比虽然令人赞叹，然而他在鸿门宴及闯宫见刘邦两件事上，所表现出来的胆识、勇气及机智，更是令人叹服。这也就不奇怪，为什么刘邦一直对他极其信任，虽然到了后来刘邦曾怀疑过他，但他的一生还是得到了西汉统治者的肯定。

仗义游侠郭解

郭解，字翁伯，河内轵（在今河南济源县南）人。西汉武帝时期，著名的游侠。郭解貌不惊人，但是性格沉静，重信义，结私交，仗义勇为，敢于挺身而出反抗强暴，扶弱济困。

郭解年少时心狠手辣，敢舍生为人报仇，还做一些令人不耻之事。等到年纪渐长后，郭解一改前行，待人宽厚，对人“以德报怨，厚施薄望”，就算救了人家的性命也不求回报，更不会因此沾沾自喜。郭解的外甥依仗他的势力，曾在与人饮酒时，强行灌对方酒。被灌酒的人，非常生气，一怒之下拔刀将其杀死，然后逃亡他乡。郭解的外甥被人杀害，郭解的姐姐因此非常生气，对郭解说：“以你郭解的为人和名气，别人杀了我的儿子，现在却连凶手都抓不到!”于是将儿子的尸首置于道旁，不给埋葬，想借此羞辱郭解。郭解于是派人四处打听凶手的下落，准备抓他回来。没等到他派出去的人回来复命，凶手自己回来了，并将实情告诉了郭解。郭解听了之后，不但不怨恨、不怪罪此人，反而对他说：“这不能怨你，是我外甥做得不对。”于是就放走了他，然后好生安葬了外甥。这件事传出之后，大家都齐声称赞郭解的义气，于是归附他的人也越来越多了。

郭解平时出入来往，路旁的人总是自动回避。有一次，却有一人张着两腿，手按双膝，坐在一旁，很不礼貌地瞪着他。郭解的随从看了很生气，想教训那个人，甚至说将他杀了。郭解听了以后，立即阻止了随从还说：“我在家乡居住而不被人礼敬，是我的德才还修得不够，他有什么罪过?”随后郭解了解到这个人非常穷，就悄悄地对县吏说：“他是我的朋友，他家里很穷，轮到他服徭役时，请多多关照。”于是，每当他服徭役时，县吏就开脱了他。此人感到很奇怪，于是跑去问县吏，县吏告诉他，是郭解帮他开脱的。此人听后，为自己之前的行为感到羞愧，于是脱去衣服，袒胸露腹地前去谢罪。一些年轻人听说了这件事情之后，就更加仰慕郭解的为人了。

洛阳有一对仇家，地方豪绅从中调解多次，都解决不了。郭解听说了以后，连夜去见了那一对仇家，进行调解劝说。没想到，那两人听了郭解的话后，答应不再与对方为敌，而且还答应与对方和好，成为朋友。解决好两个仇家的事情后，郭解便对他们说："我听说洛阳豪绅多次为你们调解，都没成功，而我今天侥幸能让你们听从我的调解。可是这是在你们的地界上发生的事情，我怎能跑到外县去伤害人家豪绅诸公的面子呢！要是他们知道是我来调解了，可能不太合适，因此，请你们不要说是我调解的，等我走了之后，洛阳豪绅再来调解时，你们听从他们就是了。"于是，郭解连夜离去，不让别人知道自己曾经到过那个地方，做过和事佬。

郭解待人接物，谦恭礼让，从不乘车进入县衙。到邻近州县，为人办事，能办就办，不能办也能得到人们的理解和同情，然后才敢尝人家的酒食。所以，大家都很尊重他，并争着为他效劳。

汉武帝时期，武帝为了便于控制有钱之人，因此迁天下豪富于茂陵（在今陕西兴平县）。当时郭解家中贫困，没有什么钱，但是他也在被迁徙的人员名单当中。大将卫青于是向武帝为他求情，说："郭解家贫，不能算豪富，可不迁。"但武帝却说："他虽为一介平民，但却能使一位大将军为他说话，可见他家不贫。"于是，郭家被迁徙到茂陵。郭解临行之日，远近人士听说郭解西迁，纷纷前来送他。等他到了陕西茂陵后，关中贤豪不管是认识他的，还是不认识他的，听闻他的名声后，争相与他结交。

后来郭解因侄儿及门人之过，受牵连，办案人本想报告武帝郭解无罪，不过御史大夫公孙弘说："虽然不知是谁杀了人，但他身为布衣任侠行权，以小冤小仇杀人，这罪更重于他亲自杀人，当处极刑。"汉武帝听从了他的意见，于是郭解一家全部被诛。

郭解结党行侠仗义的行为虽不被称道，特别是在如今的法制社会，这种行为更不该提倡。然而，郭解身上也有他生活时代的一些令人称颂的优秀品质。不管怎样，他的仗义，还是很令人佩服的。

宁死不屈的强项令董宣

董宣，字少平，东汉陈留郡圉县（今杞县圉镇）人。光武年间被大司徒侯霸举荐为高第，历任北海相、江夏太守、洛阳令等职，以为政清廉、不畏权势而著称于世。

董宣任北海相时，当地有一地主豪绅公孙丹非常迷信。当时他家盖了一栋房子，他听算卦先生说要用人血来祭宅子，才会吉利。公孙丹听了算卦先生的话，就让儿子杀了一个路人，用他的血祭自己的宅子。

董宣听到这件事情之后，立即抓捕了公孙丹父子并将他们处以死刑。当时，公孙丹的家族还是有些势力的，他的宗族三十几人，在董宣的衙门外大肆叫喊，说是为公孙丹“鸣冤叫号”。见此情景，董宣就命令部下水丘岑把为公孙丹“鸣冤叫号”、围攻官府的三十余人全部杀死。

青州太守以滥杀罪弹劾董宣，董宣被判死刑。他在狱中日夜吟诵诗书，泰然处之，根本就没有半点惧怕之色。临刑时，光武帝派人赶到刑场，特下诏免除董宣的死刑，只给他降职处分。

后来大盗夏喜在江夏作乱，东汉朝廷派董宣到江夏担任太守。夏喜慑于董宣的威望，不战而降。董宣被调任时，皇后娘家的人在担任郡都尉，董宣认为他借外戚关系做官并非真才，对他很傲慢，没给他好脸色看。因此得罪了此人，董宣又被降职，被任命为洛阳县令。

董宣担任洛阳县令的时候，有人状告光武帝的姐姐——湖阳公主的家奴，此人杀人后藏在公主家里，官吏无法搜捕。董宣想既然无法进入公主府邸，那就在门外守着，逃犯总有出公主府的时候。于是董宣亲自带人在公主的府邸外面守着。终于，有一天，那个杀人的犯人跟随着公主出门，机不可失，董宣连忙跑上去，拉住公主的车，大声地数落湖阳公主，说她作为皇亲国戚不该包庇人犯。当时湖阳公主非常生气，质问董宣一个小小的县令怎敢拦她的车。董宣不理公主的无理阻挠，当场宣布公主家奴的罪状，并当场将他处决。

董宣这一行为惹恼了湖阳公主，她觉得董宣不将自己放在眼里，不仅杀了自己包庇的家奴，还数落了自己。于是，湖阳公主就跑到光武帝处哭诉，告诉光武帝董宣欺侮了她。

光武帝听到董宣竟然敢欺侮自己的姐姐，顿时大怒，立即召董宣到大殿之上，准备将他处死。董宣见光武帝如此袒护自己的姐姐也十分生气，他愤然地对光武帝说："由于陛下的圣明，才使汉室中兴，可是现在您却纵容公主的家奴随意杀人，还怎么治理天下？我不要您打了，让我自己去死吧。"说完便一头撞到大殿的柱子上，撞得头破血流。

光武帝见董宣如此，连忙让内侍拉住他。听了董宣的话后，光武帝决定不杀他了，但是要他给湖阳公主磕头赔罪。董宣觉得自己并未犯错，不肯磕头，光武帝就让人按住他的头往下压，董宣则双手撑地，挺着脖子。光武帝无奈，只好说："强项令出宫去吧！"又赏他钱30万，他却把钱全部散给了小吏。

此事传扬出去后，京师达官豪强无不震慑，骄横气焰大为收敛。人们都称他是"卧虎"（意思是"躺着的老虎"）。百姓们一齐称赞说："现在没有人击鼓鸣冤了，因为有董少平这样的好官啊！"

建武十九年（公元43年），董宣去世，享年74岁。光武帝派人吊唁，见董宣破被覆尸，妻子在一旁号哭，家中只有几斛大麦，一辆破车。光武帝听了汇报，十分感伤地说："董宣如此廉洁，可惜直到他死后我才知道！"于是下诏赐以艾绶（艾色的印绶，即绿绶。系印纽的绿色丝带。汉官秩官阶较高，俸禄二千石以上的人才可以使用。），葬以大夫（东汉官名）礼，录用他的儿子为郎中。

董宣家乡人后来在圉镇修一座三贤祠，将他和本乡的蔡邕、江统合祀其中。

杨震暮夜却金

杨震，字伯起，东汉弘农华阴（即今陕西华阴县）人。杨震可谓是名门之后，其祖上因帮刘邦诛杀项羽有功，被封为“赤泉侯”。杨震的父亲杨宝，因刻苦攻读欧阳生所传授讲解的《今文尚书》，而成为当时名儒。衰、平二帝时，杨宝隐居民间，以教书为生。王莽当政后数次征召其入朝为官，都被其拒绝。东汉光武帝刘秀，敬佩杨宝品德高尚，学识丰富，特召其入朝为官，不过最终因为杨宝年老有病而未能到任。后来他的儿子杨震入朝做了官，而且还以公正廉明、正直无私、勤政爱民著称。

杨震从小就非常喜欢读书，良好的家庭条件也为他提供良好的读书环境。杨震读书不求名利，但求能够深刻了解书中之意，他曾拜九卿之一的太常桓郁为师，认真钻研《欧阳尚书》。在桓郁的教授下，他通晓经传，博览群书，对各种学问无不深钻细研。

杨震的名气渐渐被人所知，因此不断有人推举他当官，他都没有答应。他和父亲一样非常喜欢教书，于是从 20 岁起他就开始自费设塾育人。在家办学近 20 年后，他离开故里，客居于湖（今河南灵宝县境），并在此讲学将近十年。到了杨震 50 岁的那一年，大将军邓骘听闻他有学识，又有贤能，于是征他为茂才，后即升任荆州刺史、东莱太守。

杨震前往东莱（在今山东掖县）赴任，路过昌邑（在今山东金乡县）时，昌邑县令王密，是他在任荆州刺史时举茂才而提拔起来的官员。王密听说故人来了，就去拜见了杨震。为了报答杨震的“知遇之恩”，王密特别准备了 10 斤铜币，到了晚上夜深人静之际，送到杨震的住处。杨震不但不肯接受，还批评王密说：“我们是老朋友了，我这个老朋友了解你，你怎么不了解我这个老朋友呢？”

王密说：“现在是夜晚，没有别人知道。”

杨震严肃地说：“天知，神知，我知，你知，何谓无知？”王密只好带着礼金，惭愧地退了出去。这就是杨震诫“四知”的故事原委，因此后人称杨震为“四知先生”，而把他却金（钱币）一事，叫做“暮夜却金”。

杨震为官，从不牟取私利。在其任涿郡（今河北省涿州）太守期间，他从来没有吃请受贿，也不因私事求人帮忙，一切都是公事公办。而且在他的管教下，他的子孙们也与平民百姓一样，吃着普通的食物，出门不坐车，一家人生活都十分简朴。亲朋好友劝他为子孙后代置办些产业，杨震坚决不肯，他说：“让后世人都称他们为‘清白吏子孙’，这样的遗产，难道不是更好吗！”由于他秉性正直，为政清廉，后来又升为太尉，位列“三公”。

杨震为官唯才是举，选贤任能，经他提拔选用的官员都是通晓经书、学识过人的名士，是朝廷的贤才。杨震当上太尉后，汉安帝的舅父——大鸿胪耿宝向杨震推荐中常侍（宦官）李闰的哥哥给杨震，想让他入朝为官。杨震知道此人没有什么贤能，于是坚决不肯答应。耿宝于是亲自去见杨震，并威胁说：“李常侍是皇上所重用的人，想请您为他的兄长在朝中安排个官职，我耿宝仅仅只是给你传达一下皇上的意思而已，你自己看着办吧。”听他这么说，杨震很生气，于是就对耿宝说：“如果朝廷想让‘三府’（由太尉、司徒、司空建立的官署）辟召，那就应该由主管人事的尚书省正式行文，怎么能让你来传达皇上的意思呢?”耿宝无言以对，甩袖离去，从此对杨震怀恨在心。

同样安帝皇后的哥哥执金吾（督巡三辅治安）阎显也来向杨震举荐自己的亲友，同样遭到杨震的拒绝。阎显也因此对杨震怨恨不已。

后来，邓太后死后，安帝孱弱昏庸，放纵内宠横行。安帝的乳母王圣，仗自己养护安帝有功，而安帝对其信任有加，所以她在朝中骄横放纵，连她的女儿伯荣也经常出入禁宫，传通贿赂。杨震见此非常气愤，于是上书安帝，请求安帝将王圣母女送出宫外，同时阻断她女儿同宫内的往来，同时建议安帝集中精力治理国家。没想到安帝不但不采纳杨震的建议，反而把他的奏章拿出来给王圣看。王圣因此十分忌讳杨震，同时由于安帝的庇护，王圣母女更加肆无忌惮地胡作非为。

后来伯荣嫁与已故的朝阳侯刘护的远房堂兄刘瑰为妻，安帝因此而让刘瑰承袭了刘护朝阳侯的爵位，官至侍中。安帝的这一决定遭到了杨震的坚决反对，他对安帝说：“自古以来，在爵位的继承上，都是父死子继，兄亡弟及，以防别人篡夺爵位。如今刘瑰只是刘护的远房堂兄，却承袭了刘护的爵位，而刘护的同胞弟弟刘威如今还健在，这个爵位应该封给刘威的啊。高祖皇帝（刘邦）也曾说，只封有功之臣。现在刘瑰没有任何功劳和德行，仅仅因为娶了您的乳母的女儿为妻，就官至侍中，还得以封侯。这不仅违背了高祖当年的规定，也使得满朝官员议论纷纷，百姓迷惑不解。”最后他还要求安帝取消对刘瑰的侯位，同时解除他的官职。不过这一次，安帝仍然没有听杨震的话，对于他的谏言更是不理不睬。

后来安帝又要为王圣修建府第，杨震又向安帝上书，结局和前两次一样，谏言还是没有被安帝接受。而负责监督修建项目的中常侍樊丰及侍中周广、谢挥等人，更是趁此机会中饱私囊。

后来汉的都城发生地震，杨震想以此来上书安帝，让他远离小人。可是安帝一点也没听进去，反而对他产生了厌烦不满的情绪。王圣、樊丰等人更是对他恨之入骨，但因杨震是当时名儒，名声很大而不敢加害于他。

不久河间（今河北雄县一带）有一名叫赵腾的男子到宫门上书，批评朝政。安帝阅读了他的文章后非常生气，将其下狱。杨震知道后，立即上书营救赵腾，不过安帝始终还是没有听他的劝告，将赵腾押赴市场斩首。

124 年，安帝东行巡游泰山，樊丰等人乘皇帝在外巡游之机，竞相修建宅第。杨震立即查问此事，并得到了他们伪造假诏书等罪行的证据，准备等安帝回宫后，向安帝告知此事。不过这个消息被樊丰等人知道了，他们便先下手为强，借当时发生了特殊的星象变化，而诬陷杨震：“自从赵腾死后，杨震对朝廷深怀怨恨，杨震本是邓氏家族的门生故吏，对当今朝廷一直存有怨恨之心。”安帝相信了这些小人的话，一回到宫中就收缴了杨震的太尉印绶。

接着一直对杨震不满的耿宝再上奏章，诬陷杨震对朝廷收缴他的印绶心怀怨气，有不服处置之罪。安帝于是下诏遣送杨震回归故里。杨震接到安帝诏书后，立即动身返乡，并于途中留下遗言，饮毒酒自杀。杨震死后，樊丰等人还继续迫害他的家人，他的几个儿子都被罚做苦役，而杨震的灵车更是在陕县被拦截，不准运回本籍，并将灵柩露停道旁，一任日晒雨淋。

一年后，安帝死，汉顺帝即位，樊丰、周广等人因罪被处死。在杨震门生虞放、陈翼等的努力下，顺帝为杨震平反，并厚葬了杨震，杨震的两个儿子也得到了赏赐。

杨震一生清正廉洁、正直无私、不畏强权、敢于直谏，受到了人们的爱戴。

不畏强御的陈仲举

陈蕃，字仲举，东汉汝南舆兴（今河南平舆北）人。陈蕃本是官宦人家的子弟，他的祖父曾任河东太守，不过到了陈蕃这一代，家道中落，不再显赫乡里。后来陈蕃因举孝廉，开始出仕，官至太尉。陈蕃为人正直、勇敢，后因不喜宦官弄权，打击宦官失败被害。

陈蕃从小就有远大的志向，在他15岁那年，有一天，他父亲的一位同城老友薛勤前去陈家探望陈蕃。当薛勤到了陈蕃家中后，发现陈蕃正在庭院中学习，而庭院四处杂草丛生、脏乱不堪。薛勤皱了皱眉头，便问陈蕃："孺子何不洒扫以待宾客？"

陈蕃当即回答："大丈夫处世，当扫除天下，安事一室乎！"

陈蕃的回答，让薛勤暗自吃惊，知道陈蕃虽年少却胸怀大志，将来必定有所作为。然而薛勤认为，陈蕃的观点有些偏激，于是就劝他说："屋不扫，何以扫天下？"意思是，你连一个屋子都打扫不好，你又怎能扫除天下的坏事呢？激励他要从小事做起，将来才能成就大事。陈蕃听了薛勤的话后，恍然大悟，从此不再对身边的小事不管不顾，逐渐养成了好的习惯。

陈蕃成人之后，被举孝廉入仕，拜为郎中。没多久，他的母亲就因病离世，陈蕃故此辞官回家为母亲守丧。三年守孝期满后，刺史周景任命他为别驾从事。陈蕃接受了任命，不过不久他就发现自己和周景的为政观点不同，不想和自己谏诤不合的人同事，因此弃官而去。后来公府也曾举荐其为方正，率直的陈蕃再次推掉。一直到太尉李固举荐，陈蕃这才离家为官，征拜议郎，再迁为乐安太守。

陈蕃为官一向清正廉洁，当时他在青州做官的时候，朝廷派李膺到青州做刺史，由于李膺素以正直著称，而且严于打击不法之徒。因此，青州各地平日欺民榨财的官员听到风声，吓得都弃官而逃，惟独陈蕃安然而坐。

东汉顺帝时期，外戚、宦官专权，把持朝政，而且横行无忌。当陈蕃正在乐安任太守之时，当时的国舅——梁皇后的哥哥，时任大将军的梁冀写了一封信给陈蕃，要陈蕃为他做一件事情。当时梁冀权倾朝野，很多人都想攀附与他，而陈蕃却认为梁冀不是好人，不愿与他为伍。因此当梁冀的信使前来找他的时候，他坚决不肯见他，信使见他如此，便想要是自己假传大将军求见，他就不敢不见了，见了面后再与陈蕃分析利害。不想陈蕃对信使的行为十分恼怒，一怒之下，用皮鞭将其打死了。梁冀收到消息后，自然对不把自己放在眼里的陈蕃痛恨不已，于是不断找他的麻烦，并在顺帝跟前诬告陈蕃。于是陈蕃被贬。不久之后，因其政绩突出，顺帝再次提用陈蕃。

汉桓帝时，时任尚书令的陈蕃看到封赏逾制，宦官弄权，内宠偎盛，就屡屡上书痛陈时弊，抨击宦官，反对滥封官爵。他对桓帝说："国家之臣，以国家为重；君主之臣，以取悦君主为重。如今，我在朝为官，理应以国家社稷为重，那么看到有损国家利益的事情，我也必须告诉皇上你了。如今天下百姓吃不饱饭，到处都是荒芜之地，庄稼也没有人种了，人民生活困苦。可是在这个时候皇上还在胡乱封赏，造成有功的人没得到什么好处，碌碌无为者却因亲近皇上而受到了封赏。有些人家，一门之内封侯的人数可达数人，这是以前都很少有的呀，这是有违规制的呀！另外，连年的灾祸，百姓死伤多数，可是皇上的后宫却依然充盈，每天吃好的、穿好的，还要花无数的脂粉钱。人家都说小偷都不进女儿多的人家偷窃，因为养了这么多女儿，家中肯定贫穷，现在后宫养了这么多嫔妃宫女，岂不是让国家更贫穷吗？还有现在很多官员，不按法理处事，如今百姓都怨声四起……"汉桓帝读完陈蕃的奏折后，采纳了陈蕃的一些意见，并且从宫中清退了五百多名宫女。

延熹六年（163 年），陈蕃官至太尉，此时朝中有两个宦官被重用。他们便利用和皇上亲近的机会，诬陷排挤朝中的正义之臣。当时李膺坚定不移地打击横行霸道的宦官势力，招来了宦官深刻的忌恨，想要置他于死地，因此李膺成了他们打击的重点对象。延熹九年（166 年）宦官集团指使人以李膺、杜密、范滂等人"养太学游士，交结诸郡生徒，互相驱驰，共为部党，诽讪朝廷，疑乱风俗"为由，诬陷他们。在势力强大的宦官的煽动下，桓帝大为震怒，下令布告天下，逮捕党人，除李膺被捕外，还有二百多人也被牵连其中，身陷牢狱。朝中大臣畏惧宦官，敢怒而不敢言，惟独陈蕃一人上疏死谏，说李膺、杜密、范滂等人都是正身无玷、忠心为国之人，对他们予以十代人的优容还不够，更何况是无缘无故禁锢闭隔他们，对他们进行严刑拷打。陈蕃在奏章中还批判了汉桓帝偏听奸佞小人的谄言，诛杀忠良贤德之臣，也使得无辜之人被斩于市。接着他还请求汉桓帝，除小人，改正自己的错误，并且说如果汉桓帝愿意这么做的话，自己死也甘愿。而且他还拒绝在判决李膺等人的公文上签字，因此，太学生称他为："不畏强御陈仲举。"

不过汉桓帝已不再听信陈蕃之言，许多人因此冤死在狱中。李膺因机智，在审判时牵连进很多的宦官子弟，宦官因此害怕，不敢深究。当时桓帝皇后的父亲窦武，向来喜欢结交太学生，他以桓帝岳父身份上疏请求释放党人，并以托病交上官印相胁，迫使桓帝不得不释放党人，但规定禁锢终身，不许再做官。

本来，宦官们也欲置陈蕃于死地，但终因陈蕃的名望过大，不敢妄动，使陈蕃躲过一劫。但一年后，因为党锢事件，陈蕃再次上疏进言。这一次，汉桓帝实在忍无可忍，一怒之下，将陈蕃削职为民。

不久之后，汉桓帝驾崩，汉灵帝登位，窦太后临朝，又重新起用旧臣。复诏陈蕃为太傅，录尚书事。当时窦太后曾以"辅弼先帝，出内累年，忠孝之美，德冠本朝"之名义，要封陈蕃为侯，并赏赐食邑三百户。但陈蕃坚辞不受，前后写了10次奏章。最后，窦太后只好作罢。

在辅佐新君的这段时间，陈蕃和窦武一起，理朝纲，辅国政，用仁臣，试图使汉朝中兴。然而，宦官的势力过大，总与他们为敌。陈蕃和窦武觉得宦官势力一天不除，汉家天下一天不平。于是密谋诛杀用事的宦官。不幸的是他们的计划没有成功，被宦官们知道了，而他们自己却毫不知情。在这样的情况下，宦官们抢先一步，劫持了窦太后和灵帝，并诬陷陈、窦两人要废帝，骗得汉灵帝下诏诛杀他们，窦武因与宦官厮杀寡不敌众，拔剑自刎。

陈蕃、窦武被杀后，此两人的宗亲宾客姻属，也被全部处死。过去曾被陈、窦两人举荐的门生故吏，也皆免官入狱。唯一幸免的是陈蕃的儿子陈逸。当时，陈蕃有位老朋友朱震，他听到陈蕃死讯后弃官而哭，先是冒着杀头危险偷偷掩埋了陈蕃的尸首，然后将陈逸藏匿在甘陵边界。事发后，朱震一家被捕下狱，朱震受到严刑拷打，但他始终没有说出陈逸的下落。几年后，汉灵帝大赦党人，陈逸才走出深山。

关于陈蕃，还有一个故事不得不说，那就是陈蕃下榻的故事。当初陈蕃在做豫章太守时，对著名学者徐孺十分欣赏，因此想请他出仕。陈蕃不喜欢应酬，更不招待宾客是出了名的，然而只有对徐孺例外。他每次请徐孺过府，必定要和他聊很长的时间。两人因为相互欣赏，每次谈话都很投机，常常会忘了时间。为此，陈蕃特意给徐孺准备了一张卧榻，让他留下过夜。等徐孺一走，陈蕃就把卧榻悬挂起来，直到徐孺再来，他才放下来。以后人们就用“下榻”这个词说是住宿了。不过徐孺始终没有答应陈蕃出来做官，陈蕃觉得非常可惜。

陈蕃一生刚正不阿，不过却得不到善终，令人惋惜，不过他的不避强权、犯颜直谏的做法却一直让世人视其为典范。

舍己救友的荀巨伯

荀巨伯，东汉汉桓帝时的贤士，一向恪守信义，笃于友情，以重情义的品德著称。

有一次，荀巨伯听说千里之外的一个好友得了重病，心里非常担心朋友，于是匆匆安排好家事，收拾好行装，日夜兼程赶去探视朋友。经过半个多月的晓行夜宿的奔波之后，荀巨伯终于到了好友居住的县城。谁知进城以后，荀巨伯发现大街上冷冷清清的，空无一人，觉得很奇怪，但因担心朋友的病情，他也没有多想，匆匆奔朋友家去。

到了朋友家中的时候，荀巨伯发现朋友家中除躺在床上的朋友外，也无他人。当荀巨伯第一眼看到朋友的时候，心里好不难过，只见他脸色惨白躺在床上，连个照顾的人都没有，想喝口水都难。

朋友见到荀巨伯时是又惊又喜，问他是什么时候到的。

荀巨伯答道："刚到。"

朋友见荀巨伯满面风尘，为看望自己不惜千里奔波，深为感动。但想到目前情况紧急，又焦急地对荀巨伯说："胡兵马上就要来攻城，城里的人都跑光了，你还是赶快走吧，晚了就走不了啦！"

荀巨伯诚挚而又坚定地说："你现在重病在身，身旁又没一个亲人可以照顾你。我作为你的朋友，能够在这个时候离开吗？"

朋友感动地说："贤弟盛情，令人感动，我是将死的人了，怎么能够连累你呢？还是快点走吧！"说完，又吃力地把手一挥。

荀巨伯恳切地说："我不远千里来看你，你却要我走。弃义以求生，那哪是我荀巨伯能做得出来的事情？"

正说到这里，突然听到门外有人高喊："这里有人！"

朋友听见喊声，知道胡兵已经入城，更加焦急地对荀巨伯说："胡人来了！你快从后门逃走吧！"一边说，一边还用没什么力气的手推着荀巨伯，希望他能赶快走。

正在这时门突然被踢开，一个身材魁梧、身着胡装、手执钢刀的大汉，带领几个随从冲了进来。友人十分着急，荀巨伯却镇定如常。大汉见屋中只有两个男子，一个卧病在床，一个立在床前，便走上前去，大声地问荀巨伯道："我大军一到，全城之人皆逃遁一空，你是什么人，竟敢独自留下来？"

荀巨伯从容不迫地回答道："在下荀巨伯，因友人重病在身，无人照顾，因此从千里之外赶来探视，不忍离去。希望你们能够刀下留情，放过我生病的朋友，不要伤及他的性命。如果你们要杀的话就请你们杀了我，我愿意用我的命换他的命！"

胡人想不到整座城池都已经空了，竟有人愿舍己救友，颇为感动，相互之间传说着这件事情，然后还说："我等不该入此有义之国，走！"说完，向荀巨伯一拱手，转身出门而去。朋友此时方才如释重负，紧紧拉住荀巨伯的手，一句话也说不出来，眼泪滚滚而下。

从此以后，人们就把"荀巨伯"当成了重情义的代名词，希望自己交到的朋友能够像荀巨伯一样有情有义。

秉笔直书著《三国志》的陈寿

陈寿，字承祚，西晋巴西安汉（今四川南充）人，著名的历史学家，著有《三国志》一书。陈寿从小就热爱学习，18 岁时进入了蜀国都城成都的太学学习，并拜同郡的学者谯周为老师。谯周对陈寿的帮助很大，可以说陈寿所著《三国志》能如此精彩，也有他的一份功劳。

陈寿的父亲是马谡的部下，失街亭之后，马谡被诸葛亮投进大狱，死在狱中，陈寿的父亲也受到了处罚被逐出军营。之后陈寿之父回到家乡结婚生子，若干年后陈寿出生。

陈寿长大后，在蜀汉时曾任卫将军主簿、东观秘书郎、观阁令史、散骑黄门侍郎等职。不过，他因不肯屈从于专权的黄皓屡遭遣黜。陈寿 31 岁的时候，蜀汉被魏所灭，陈寿便闲居故乡南充家中，埋头读书。西晋建立以后，268 年，36 岁的陈寿离开故乡南充，赶赴晋都城洛阳，担任西晋著作郎，专门负责编撰史书。280 年，晋朝消灭吴国，结束了长达 84 年分裂割据的局面，陈寿开始撰写《三国志》。

陈寿开始写《三国志》的时候还是比较顺利的，因为《三国志》这本书他已经酝酿了很久了。早在蜀的时候，他就做了大量的调查研究工作。后来他到了晋做史官之后，又收集到了不少的文献记录。他甚至到重大事件发生的地点做过现场勘察，决心把这段历史写得真实、准确。

可是写到《诸葛亮传》的时候，他开始发愁了，不知道该如何动笔。本来陈寿也没有想那么多，可是当他提笔想写的时候，来了一位亲戚，当他知道陈寿在写《诸葛亮传》这一章，就问陈寿打算如何写诸葛亮这人。陈寿回答说诸葛亮是一位功不可没的历史人物。亲戚听了很生气，责备陈寿忘记了家仇。陈寿之父自从被逐出军营后，一直愧悔交加，从此再也没有振作起来，后来更是因为忧愤成疾，最终撒手人寰。陈寿族人觉得陈寿之父所受的侮辱及过早离开人世都是诸葛亮造成的，因此对诸葛亮有怨恨，把他当成仇人。所以陈寿的那位亲戚见陈寿如此夸赞诸葛亮的时候，心中不免不快。

经亲戚一说，陈寿也不禁彷徨起来。他想，诸葛亮一生励精图治，公而忘私；而且南征北战，百战百胜，的确是位了不起的人物。按理说，应该实事求是地把这些写出来，可是，自己一家的遭遇，又使他在感情上对诸葛亮有些别扭，而且，如果照实写，亲戚们也不会原谅他。到底该怎样写呢？陈寿心里很乱，于是，他干脆停下笔来，想把自己的思绪理清楚。

这天，一位朋友来看他，陈寿憋不住，就把心里的苦恼告诉给了朋友。那位朋友听后说："人们都称赞司马迁的《史记》，说它正直公允，准确无误，不假意赞美，不隐瞒丑恶。你这部《三国志》是否也能如此呢？"听了朋友的话，陈寿一下子醒悟过来：是啊，作为一个历史学家，第一要做到的就是诚实无私。当年司马迁宁肯得罪皇上，也要尊重事实，秉笔直书。现在，我难道能为自己私人的恩怨而歪曲历史吗？那我不是成了千古的罪人吗？陈寿又飞快地写了起来，很快《诸葛亮传》就写成了。陈寿还特地把这一篇文章拿去给朋友们看，请他们提出修改意见，生怕自己有什么写得不公正的地方。

《三国志》完成后，立即就引起了轰动，晋惠帝在看过《三国志》后当即下诏，命令全国百姓每家每户都要抄写《三国志》，这也使得《三国志》中的故事很快就在民间普及。陈寿也因《三国志》而备受赞誉，不过他却也因为秉笔直书而得罪了很多当世的权贵，晚年屡次被贬，在仕途中始终郁郁而不得志。297 年，65 岁的陈寿没能赶回老家南充，便病死在都城洛阳。

刚正峭直的刘毅

刘毅，字仲雄，西晋时东莱掖（今山东掖县）人。刘毅从小就非常有品行，年轻时就成为当地很有影响的名士（掌握着一个地区的舆论大权，对朝政和人物进行品评的人士）。刘毅品评一个人物的时候，都是从事实出发，看到不平或是不好的事情，他也一定会进行批评。因此，那些行为不端的王公贵族都很怕他。

曹魏末年，刘毅官任司隶都官从事。他秉公执法，不避权贵，曾弹劾河南尹，司隶校尉就劝他说："攫兽之大，鼷鼠蹈其背。"刘毅坦然答道："既能攫兽，又能杀鼠，何损于犬。"他的行为得到了朝中有识之士的赞赏，与刘毅同郡的王基在推荐刘毅的书中称赞道："毅方正亮直，介然不群，言不苟合，行不苟容。"

西晋建立后，刘毅历任尚书郎、驸马都尉、散骑常侍、国子祭酒等。直到咸宁初年，才转任司隶校尉。

刘毅在担任司隶校尉期间，侍中王戎出身豪门大家，而且还是西晋名士，可是他却收受太守刘肇的贿赂，为刘肇办事。刘毅知道了这件事情以后，就向晋武帝报告了这件事情，并且请求晋武帝治王戎的罪，并且除其名士之名。不过由于晋武帝的包庇，王戎并未受到惩罚。不过，经过此事后，西晋都城洛阳一带的大小官员及豪贵好长一段时间不敢胡作非为。

晋武帝统一天下后，开始大兴土木，他先是为祖宗修建了一座富丽堂皇的太庙，后又为自己修建了一座豪华的宫殿。后来他还命人从民间搜罗了5000多名美女充斥后宫。为了满足个人的私欲，晋武帝不断向老百姓横征暴敛、搜刮钱财，还学习东汉时期汉桓帝、汉灵帝的办法，公开标价卖官，卖官所得的钱却供他个人挥霍。

太康三年正月初一，晋武帝率领百官到南郊祭天，刘毅也跟随前往。祭祀完毕，晋武帝忽然慨叹一声，问站在身旁的刘毅："我可以比得上汉朝的哪一个皇帝？"

刘毅见晋武帝这样问自己，知道这是劝说晋武帝的大好机会，于是回答说："我看陛下跟东汉的桓、灵二帝差不多。"

晋武帝满心希望刘毅把自己比作汉高祖和汉武帝，没想到刘毅却将自己比作东汉时期两个最荒淫、昏庸的皇帝——汉桓帝和汉灵帝，因此很不高兴。他带着责备的语气对刘毅说："哪儿至于这样呢？我虽比不上古代的圣人，可是我平定了东吴，统一了天下，一心想做个贤明的君主，而你却将我比作汉桓帝和汉灵帝，未免太过分了吧？"

刘毅毫不客气地答道："汉桓帝和汉灵帝卖官爵所得的钱都交入国库，

而陛下你卖官爵所得的钱却装进自己的私库，从这一点讲，我看还比不上汉桓帝和汉灵帝呢！”

晋武帝闻听此言，无言以对，只得自我解嘲地说：“桓、灵二帝在世时，他们听不到这样的话，现在我有这样正直敢言的大臣，能够当面听到这样锐利的批评。由此可见，我同桓、灵二帝是不同的。”

刘毅当了6年的司隶校尉后，升任为尚书左仆射。在担任尚书左仆射期间，刘毅不改自己刚正廉直的秉性，所思所想都是为了朝廷，他的一举一动都成为当时人们的典范。刘毅为官多年，从未为自己敛过私财，更不曾收受贿赂，因此生活清贫。晋武帝见其生活艰难，于心不忍，便下诏“赐钱三十万，月给米肉”，改善刘毅的生活。

后来，刘毅被举为青州大中正，此时刘毅已是年逾古稀，并且身患风疾。不久，刘毅就病逝于任上。纵观刘毅的一生，可谓刚正峭直、无所曲挠，不管达官贵人、皇亲国戚，还是皇帝本人，只要有过失他都毫不留情面。他精神可嘉，值得赞誉。

执法公平的薛胄

薛胄，字绍玄，河东汾阴（今山西省万荣县）人。薛胄生性慷慨，小的时候就立志长大之后要建功立业。薛胄从小就非常聪明，不管读什么书，他都能理解书中的深刻含义，他还经常感叹给这些书注释的人没有理解作者的意思。因此薛胄每次读书之时，就用自己的理解来解释书中的内容，对于他的解释，当时的学者们都很佩服。

北周明帝（宇文毓）时期，薛胄继承了父亲文城郡公的爵位，先后担任了上仪同、司金大夫、开府等职。李渊取得天下之后，提拔他担任鲁州刺史，还没有上任，就改任为检校庐州总管事，不久又升任为兖州刺史。薛胄为官清正廉明，断案公正。

薛胄到了兖州之后，发现兖州城内的监狱里关押着好几百名囚犯，薛胄只用了十几天的时间就将大部分的案子处理完，使得一些无罪之人重得自由，监狱也不那么拥挤了。

薛胄一次外出的时候，碰到一个叫做向道力的陈州人，假扮高平郡太守，将要去上任。薛胄在路上遇到他时，觉得此人有些不正常，想要将他扣留，并且审问他。后因兖州司马王君馥坚持劝说，薛胄才放向道力去上任。薛胄放走向道力后，越想越不对劲，觉得放行向道力是错误的决定，于是，立即派人前往捉拿向道力。

兖州当地有个叫徐俱罗，曾经担任海陵郡太守，此前向道力也曾假扮他当过太守。到了任职期满，官府和百姓都没有发觉出来。当他听说薛胄一眼就看出向道力有问题，知道他是假冒的，感到很奇怪，于是就问王君馥说："向道力曾经假扮我当过太守，到了任满也没有人怀疑到他，这一次他已经有了一定的经验了，薛大人怎么会怀疑他呢?"

王君馥听了徐俱罗的话后，就连忙跑去告诉了薛胄，并且劝说薛胄不要去抓向道力了，因为他替人当官，也是其本人同意的。薛胄听了王君馥的话后很生气，斥责王君馥说："我已经察觉这个人是假扮的。你明知道他是假扮的，还继续纵容他，你也要被牵连受到处罚。"王君馥这才停止了劝说，并帮忙追捕向道力。向道力被抓住后，说出了假扮官员的真相，所有参与的人都受到了惩罚。因为这件事情，当时人们都将他当成神明一样看待。

起初，兖州城东边的沂水、泗水两条河汇合在一起向南流，在大泽地区泛滥成灾，薛胄于是堆积石头堵上它，让大河决口向西流淌，流经地区的土地都成了良田。

因为政绩突出，薛胄不断得到提升。他当大理寺卿的时候，执法宽容公平，朝廷考核都很称职。在他担任刑部尚书之际，左仆射高颎渐渐被皇帝疏远猜忌。到了王世积被处死之时，高颎也被牵连其中，皇帝因此打算治高颎的罪，朝中大臣都不敢出来为高颎申辩，只有薛胄站出来替高颎申冤情，公正地建议应当如何处理高颎。皇帝大怒，将他也囚禁起来，很久以后才赦免了他。

薛胄担任的最后一个官职是相州检校，在此期间他的声望极盛。薛胄担任检校期间，正赶上汉王李谅在并州作乱，李谅派遣大将綦良攻打慈州，慈州刺史上官政因此向薛胄求援。薛胄害怕李谅的士气太盛，不敢出兵抵抗。后来綦良又带兵攻打薛胄，薛胄打算用计谋打退他，他派遣心腹鲁世范游说綦良说："天下落在谁手里还不一定，薛胄作为唐朝的臣子，何去何从都要依据法度，你为何这么急切地攻打我？"綦良于是撤退了，转攻黎阳。

后来綦良被史祥打败，扔下军队投奔了薛胄。朝廷认为薛胄有叛乱的心思，把他捉拿到大理寺（唐朝审判机构）。相州的官员百姓都感念他的恩德，到朝廷为薛胄说情的有一百多人。即使这样，最后薛胄还是被削掉官职，发配岭南，最终死在了发配的路途中。

赵绰执法不惜死

赵绰，隋文帝时主管司法的大臣，性格刚毅正直，清正廉洁，执法公正，深受文帝的器重。

隋文帝时盗贼不禁，隋文帝因此想要加重刑罚，并向赵绰征求意见。赵绰不同意隋文帝加重刑罚的要求，并且说："法律是天下人共同遵守的行为规约，岂能任意增减？"文帝觉得赵绰的话很有道理，很高兴地听取了他的意见，没有再提此事。

有一年，陈朝遗将萧摩诃的儿子萧世略在江南作乱，按照当时的律例，萧摩诃理应被判重罪，但文帝想宽容他，就说："萧世略不到20岁，年幼无知，能干什么？坏人因他是名将之子，逼迫、利用他罢了。"说着就要赦免萧摩诃。可是赵绰据法力争，坚持不肯免萧摩诃之罪。因赵绰态度相当坚决，文帝也无可奈何，就想等赵绰退朝后自决宽恕萧摩诃，于是叫赵绰去吃饭。赵绰丝毫没有退让的意思，非要文帝作出裁决才肯离去，他对隋文帝说："我的案件还没有解决，因此不敢退朝。"隋文帝无奈，只能退让，最后以特赦之名赦免了萧摩诃才算完事。

刑部侍郎辛亶曾穿鲜红的裤子，大谈尘世功利，隋文帝因此很讨厌他，想杀死他。赵绰说："依照法律，他不该被处死，因此我不敢执行您的旨意将他杀死。”文帝很恼怒，就对赵绰说：“你爱惜他辛亶，难道你就不爱惜自己吗?”于是命人先杀掉赵绰。赵绰毫不畏惧，依然坚持自己的想法，正气凛然地对隋文帝说：“陛下您就算杀死我，依据法律也不得杀辛亶。”说着就解开衣服，准备应斩，满脸从容。就要开斩之际，隋文帝派人问赵绰说：“怎么样?”赵绰仍坚定回话：“执法一心，不敢惜死。”隋文帝思虑再三，还是舍不得杀他，命人放了他。第二天，隋文帝又向赵绰道歉，从此更加信任赵绰。

当时朝廷禁止使用恶钱，但是有两个人不顾法令，在集市上暗中用恶钱换好钱，被人告了。文帝知道后，下令处死这两个人。赵绰又一次据法力谏说：“这两个应责以杖刑，杀死他们有悖于法律。”文帝生气地说：“这不关你的事。”执意要斩杀两人，赵绰就是不让，他说：“陛下不嫌弃我才识短陋，把我放置在司法位上，您要随心所欲地杀人，这怎么不关我的事呢?”文帝不以为然，暗示赵绰不要阻拦他，说：“摇撼大树不动，就要自觉退下去。”赵绰当仁不让：“我企望能撼动皇天之心，何止动一根大树呢?”文帝仍没有取消杀人的念头，又说：“喝汤，汤热就要放下来，你难道还要毁天子之威吗?”但赵绰不仅没退让、妥协，反而前进几步，文帝不理睬，拂袖进入内室，直至有人劝谏，文帝才放弃他的想法。

隋文帝非常欣赏赵绰的诚直之心，每有大事，都要征求他的意见。赵绰63岁时，因病离开人世，文帝为此痛哭流涕，说自己失去了一名贤臣。

卫石碏“大义灭亲”

石碏，春秋初年卫国的贤大夫，因此人们也称他为卫石碏。卫国，是春秋时代的一个姬姓小国。在今河南淇县朝歌，也就是殷纣王的都城所在地。周武王灭殷之后，封他的弟弟康叔于此，是为卫国。后传十余世，至庄公进入东周。庄公娶于陈（在今河南淮阳县），生太子完；又有宠妾，生公子州吁。州吁恃宠，骄奢好兵，不遵法度，但庄公却用之将兵。石碏屡谏，劝庄公要对他“教以义方，弗纳于邪”，并告诫说：“庶子好兵，使将，乱自此起。”但庄公“不听”。石碏有个儿子叫石厚，与州吁交往甚密，石碏“禁之”，其子也“不听”。庄公死，太子完立，是谓桓公，绌州吁。州吁乃伙同石厚袭杀桓公而自立为卫君。

在此情况下，石碏于是告老还乡，不与这种人同流合污。但他虽身在林泉之下，而心却始终在朝堂之上，并思有以报之。

州吁篡位以后，国人不服，于是他就让石厚去向其父请教关于安定君位的办法。石碏沉吟了一会儿，回答说：“要想安定君位，取得国人的拥戴，必须去朝见周天子，以取得合法地位方可。”石厚问：“怎么才能去朝见周天子呢?”

石碏说：“眼下陈桓公在周天子那里颇吃香，而陈、卫两国又是亲戚，如果去朝陈国，让陈国去代为请求，一定能成。”

石厚听了，就把这个主意向州吁禀告。州吁觉得很有道理，于是就决定和石厚一起去往陈国。石碏听说他二人要去陈国，乃派使者火速转告陈桓公：“袭杀寡君桓公的凶手就是州吁和石厚这两个人。敝国是个偏远的小国，而我也老了，不中用了，故冒请贵国借此机会处置他们为幸。”于是陈国就把他俩拘禁了起来，并请卫国派人来陈国处置。不久，卫国就派了一个官居右宰而名叫丑的人，在陈国附近的濮地将州吁杀死。石碏也特派他的家臣到陈国杀了自己的亲生儿子石厚。

石碏为公杀死了自己的儿子，这就是“大义灭亲”的故事。直到今天，他的这种公而忘私的精神仍令人肃然起敬。

第五章　克勤于邦，克俭于家

一粥一饭，当思来处不易；半丝半缕，

恒念物力维艰。

——朱柏庐《治家格言》

勤俭不分家

勤俭节约是我国劳动人民的一种美德。关于“勤俭”还有一个非常久远的故事。

从前，在中原的伏牛山下，住着一个叫吴成的农民，他一生勤俭持家，日子过得无忧无虑，十分美满。吴成的同乡们都很佩服他有办法，将日子过得有滋有味，于是纷纷上门讨教他是怎么过日子的。老汉听完乡亲们的话后，没有说话，只是笑了笑，用手指了指正屋墙上的一块朱红匾——这匾上写着“勤俭”两个大字。乡亲们明白了，原来“勤俭”两字就是老汉过好日子的办法。

后来，吴成得了病，临终之际，他将自己的两个儿子叫道说：“儿啊，我死后，你们要想一辈子不受饥挨饿，你们兄弟俩一定要照匾上的字过日子。”儿子含泪点头答应了父亲。不久，吴成就死了。

转眼兄弟俩长大成人，因为两人常常闹矛盾，所以不久两人就分了家，他们分家可真彻底，一家分一间偏房，连正屋中间也打上竹笆，抹层泥，一家一半。匾也被他们锯成两半。哥哥住西边，只能看见匾上的“勤”字；

弟弟住东边，只能看见匾上的“俭”字。可兄弟俩并没有忘掉父亲的嘱咐。只是老大光顾“勤”字而忘掉了“俭”字；老二光顾“俭”字而忘掉了“勤”字。

老大夫妻俩起早摸黑，上山种田，成天忙忙碌碌，手脚不停。屋前鸡兔，后塘鹅鸭，栏栅里还圈着肥头肥脑的大猪。架上豆角棚上瓜，收得也不少，可是他们不注意节俭，大手大脚，一开春，米桶肉罐就空了。幸而还没有碰上荒年，要来个荒年可怎么得了呀！“父亲说得对不对呢?”老大夫妻俩总是闷闷不乐想着。

老二夫妻二人计算着吃又计算着穿，从不浪费一点儿。身上总是穿着补补缝缝的旧衣裤，连巴掌大的布片片也都缝起来做裤衩穿。吃的又是什么呢？该吃稠的喝稀的，该喝稀的喝口汤，连一小块盐巴颗粒也砸开分几颗吃。可是他们俭而不勤，一到开春，米桶肉罐都空啦。还没碰上荒年呢，要来个荒年该怎么办呢？“父亲说得对不对呢?”老二夫妻俩也总是闷闷不乐地想着。

这一年遇上大旱，老大、老二家中都早已是空空如也。兄弟俩情急之下，分别扯下自己分得的字匾，将“勤”“俭”二字踩碎在地。这时候，突然有纸条从窗外飞进屋内，兄弟俩连忙拾起一看，上面写道：“勤是摇钱树，只勤不俭，好比端个没底的碗，总也盛不满；俭是聚宝盆，只俭不勤，坐吃山空，一定要受穷挨饿。勤俭兄弟匾，一字不能少，要勤又要俭，团结家业盛。”

兄弟俩恍然大悟，“勤”“俭””两字原来不能分家，相辅相成，缺一不可。妯娌两人看到这些文字，也羞得满脸通红。于是兄弟俩拆去隔墙，把匾洗刷干净，安放好。从此，兄弟俩齐心合力，既勤又俭，日子越过越好，后来人们就把“勤俭匾”称为“兄弟匾”了。

节俭立身的季文子

季文子出身于三世为相的家庭，是春秋时代鲁国的贵族、著名的外交家，为官30多年。他一生俭朴，以节俭为立身的根本，并且要求家人也过俭朴的生活。他穿衣只求朴素整洁，除了朝服以外没有几件像样的衣服，每次外出，所乘坐的车马也极其简单。

见他如此节俭，有个叫仲孙的人就劝季文子说："你身为上卿，德高望重，但听说你在家里不准妻妾穿丝绸衣服，也不用粮食喂马。你自己也不注重容貌服饰，这样不是显得太寒酸，让别国的人笑话您吗？这样做也有损于我们国家的体面，人家会说鲁国的上卿过的是一种什么样的日子啊。您为什么不改变一下这种生活方式呢？这于己于国都有好处，何乐而不为呢？"

季文子听后淡然一笑，对那人严肃地说："我也希望把家里布置得豪华典雅，但是看看我们国家的百姓，还有许多人吃着粗糙得难以下咽的食物，穿着破旧不堪的衣服，还有人正在受冻挨饿。想到这些，我怎能忍心去为自己添置家产呢？如果平民百姓都粗茶敝衣，而我则装扮妻妾，精养良马，这哪里还有为官的良心！况且，我听说一个国家的国强与光荣，只能通过臣民的高洁品行表现出来，并不是以他们拥有美艳的妻妾和良骥骏马来评定的。既如此，我又怎能接受你的建议呢？"这一番话，说得仲孙满脸羞愧之色，同时也使得他内心对季文子更加敬重。

此后，他也效仿季文子，十分注重生活的简朴，妻妾只穿用普通布做成的衣服，家里的马匹也只是用谷糠、杂草来喂养。

安贫乐道的管宁

管宁，字幼安，山东省安丘市官庄镇管公村人（时属北海朱虚），生于汉代延熙元年（158 年），卒于正始二年。

管宁的远祖是春秋时代的贤相管仲。管宁小的时候家里很穷，在他 16 岁的时候，他的父亲就离开了人世。当时，他的亲戚朋友们觉得他很可怜，同情他，所以就赠送了许多财物给他，让他用于为父亲办理丧事。可是管宁并没有接受他们的好意，没有接受他人的一文钱，只是凭着自己仅有的财力安葬了父亲。

管宁从小就非常爱学习，年轻时候，他结交了几个后来都很有名的朋友，他们中一个叫华歆，一个叫邴原。他们三个人非常要好，而且也非常出色，所以当时的人把他们比为一条龙，华歆是龙头，邴原是龙腹，管宁是龙尾，他们最尊敬的大学者是当时著名的陈仲弓，陈仲弓的学识行为成了他们的追求目标。因此他们常常在一起努力学习，想以此来相互鼓励，希望自己将来能成为像陈仲弓那样的有学之士。

他们当时求学的时候，常常是一边读书，一边劳动。有一天，华歆和管宁两个人，在菜园中锄地，不知道为什么，管宁锄到了一块前人埋藏的黄金。华歆、管宁他们平时读书养性，就是要摒除人性中的贪念，见了意外的财物不能动心，平时也以此相标榜。所以这时候，管宁见了黄金，就把它当作了砖石土块对待，用锄头一拨就扔到一边了，之后不再理会，继续锄自己的草。华歆在后边锄，过了一刻也见了，明知道这东西不该拿，但心里头不忍，还是拿起来看了又看。管宁见状，一边挥舞着手里的锄头干活，一边责备华歆说："钱财应该是靠自己的辛勤劳动去获得，一个有道德的人是不可以贪图不劳而获的财物的。"华歆听了，口里说："这个道理我也明白。"可是手里却还捧着金子不停地看，怎么也舍不得放下。后来，他实在被管宁的目光盯得受不了了，才不情愿地丢下金子去干活。可是他心里还在惦记金子，干活也没有先前努力，还不住地唉声叹气。管宁见他这个样子，不再说什么，只是暗暗地摇头。

又有一次，他们两人坐在一张席子上读书。正看得入神，忽然外面沸腾起来，一片鼓乐之声，中间夹杂着鸣锣开道的吆喝声和人们看热闹吵吵嚷嚷的声音。于是管宁和华歆就起身走到窗前去看究竟发生了什么事。原来是一位达官显贵乘车从这里经过。一大队随从佩戴着武器、穿着统一的服装前呼后拥地保卫着车子。再看那车饰更是豪华：车身雕刻着精巧美丽的图案，车上蒙着的车帘是用五彩绸缎制成，四周装饰着金线，车顶还镶了一大块翡翠，显得富贵逼人。管宁对于这些很不以为然，又回到原处捧起书专心致志地读了起来，对外面的喧闹完全充耳不闻，就好像什么都没有发生一样。华歆却不是这样，他完全被这种张扬的声势和豪华的排场吸引住了。他嫌在屋里看不清楚，干脆连书也不读了，急急忙忙地跑到街上去跟着人群尾随车队细看。管宁目睹了华歆的所作所为，再也抑制不住心中的叹惋和失望。等到华歆回来以后，管宁就拿出刀子当着华歆的面把席子从中间割成两半，痛心而决绝地宣布：“我们两人的志向和情趣太不一样了。从今以后，我们就像这被割开的草席一样，再也不是朋友了。”

汉末天下大乱之后，管宁、邴原还有王烈几个人相约，到比较安全的辽东去避难。当时辽东地理位置偏僻，战乱没有波及，是当时一个理想的避难地。于是他们几个便去了那里。当时辽东的太守公孙度，知道管宁几个人在中原的名气很大，所以对他们的到来非常欢迎，专门腾出驿馆来请他们居住。见了公孙度，管宁只谈了谈经典学术，对当时的政治军事局势闭口不谈。拜见过公孙度以后，管宁没有再住驿馆，而是找了一处荒山野谷，自己搭个简易房子、挖个土窑居住。

公孙度死后，他儿子公孙康掌了权，野心勃勃，成天想着海外称王的美事。他想给管宁封个官，让管宁辅佐他，可是却慑于管宁的贤名，硬是开不了口。曹操做司空后，下令征辟管宁入朝，公孙康却没有将此事告知管宁。中原局势稳定以后，许多流落到他乡的人都回到了家乡。可是管宁依然不动，安居辽东。直到公孙康死后，他弟弟公孙恭继位，管宁才带着家眷回到了阔别37年的家乡。

管宁之所以选在这个时候回中原，是因为他知道公孙恭生性懦弱，没有统治能力，而公孙康的私生儿子公孙渊偏偏是个雄才，不安于下位。管宁知道辽东也快要发生战乱了，所以才带家眷匆匆离去。只是临走的时候，他并没有带走任何的不属于自己的财物，连同之前的公孙度、公孙康的赠物，全部留下来，送回公孙府。

管宁的回乡，名义上是奉了魏文帝曹丕的征辟诏书，实际上是躲避即将到来的辽东之难。但回到故乡以后，魏文帝就下诏封管宁为太中大夫，管宁坚决推辞，说自己老了，实在没什么才能，请求魏文帝放过他。可是魏文帝死后，魏明帝又多次征召他，华歆、王朗、陈群等朝中大臣更是反复地推荐管宁，华歆还提出把自己的太尉之位让于管宁。可是，管宁将他们的好意一律推辞了，到死也没有答应出仕。

管宁的一生过得都不富裕，可是他却可以安贫乐道，至死都不肯要别人给予的任何帮助和施舍。他拥有的一切都是他自己辛苦劳动换来的。这样的精神实在值得人们钦佩。

清俭不改的吴隐之

吴隐之，字处默，东晋濮阳鄄城人。他曾任中书侍郎，左卫将军，广州刺史等职，官至尚书，是东晋著名的廉吏。

吴隐之年少时家境贫寒，但是他宁可每天喝粥，也不接受别人的接济。吴隐之非常孝顺他的母亲，母亲去世之时，他万分悲痛，每天以泪洗面，知道的人都非常感动。当时，他的邻居韩康伯的母亲见他这样，就对韩康伯说："将来你要是当了官，就该推荐像吴隐之那样的人。"后来韩康伯成了吏部尚书，便推荐吴隐之为辅国功曹。

隆安年间，朝廷任命吴隐之为龙骧将军、广州刺史、假节领平越中郎将，想要吴隐之好好地管理岭南地区，改变过去岭南历任刺史皆贪污受贿中饱私囊的弊端，树立一个良好的朝廷官员形象。当时的岭南地区还属于未开化的蛮荒之地，由于远离都城，其文化等均落后于中原地区，很少有官员去那儿做官。然而当时岭南的主要府郡广州，有象牙、珍珠、海味和名贵药材出产，因此也会吸引一些想发横财的贪官前去任职。因此，朝廷要吴隐之前去改变这一现象。

吴隐之接到朝廷任状后，就出发了。吴隐之在行到石门时（离广州约20里地），遇一山泉，当地人皆说不管是谁，只要喝了此泉之水就会变得贪婪无比，因此人们便叫这口山泉为"贪泉"。吴隐之听说了这件事后，觉得这都是那些贪赃之人找来的借口，因此他对家人说："如果压根儿没有贪污的欲望，就不会见钱眼开，说什么过了岭南就丧失了廉洁，纯属一派胡言。"为了表明自己无论如何都会保持廉洁之心，他还特意到贪泉，掬饮泉水，并赋诗一首：

古人云此水，
一歃怀千金，

试使夷齐饮，
终当不易心。

意思是：人们都说喝了这泉水，就会贪财爱宝，假若让伯夷、叔齐那样品行高洁的人喝了，我想终究不会改变那颗廉洁的本心。

吴隐之到广州上任后，果然廉洁奉公，清简勤苦，吃的是粗茶淡饭，穿的是粗布衣衫，所用的器具也十分简朴。当时人们见他这样，就讽刺他，说他是故意摆样子的。对此，吴隐之不以为意，一笑而过，依然过着简朴的生活。当时他的部下给他送鱼，还把鱼的骨头给剔干净了，吴隐之对此非常反感，总是喝斥、惩罚后赶出帐外。在他以身作则，以及严厉惩治贪官，禁止贿赂等行动下，广州地方的官风有所好转。故此，皇帝下诏，晋升他为前将军，赐钱50万，谷千斛。

吴隐之在广州多年，不贪不拿，在他调离广州之时，他的行装和刚到广州时无异，只有其妻偷偷带了一斤中药材沉香木不是原来所带的物件。吴隐之发现后，立即夺过妻子手中的沉香，丢入水中。到家后，朝中见他住的是茅屋，便想为他盖一座宅院，但他坚持不肯接受。

吴隐之在做广州刺史之前，曾被谢石点名要过去做主簿，谢石对吴隐之非常器重，就算是对他的生活也很关心。吴隐之的女儿要出嫁，谢石知道他家穷，想他嫁女儿也必定寒酸，于是便吩咐手下人带着办喜事所需的各种物品去吴隐之家中帮忙操办。当谢石派去的人到了吴家之后，只见吴家冷冷清清的，毫无办喜事的气氛，只见一个仆人牵着一条狗走出来。

谢石派去的人见状，十分好奇，便问吴家的仆人："你家小姐今天出嫁，怎么一点筹办的样子都没有？"

仆人皱着眉说："别提了，我家主人太过节俭了，小姐今天出嫁，主人昨天晚上才吩咐我准备。我原以为这回主人该破费一下了，谁知主人竟叫我今天早晨到集市上去把这条狗卖掉，用卖狗的钱再去置办东西。你说，一条狗能卖多少钱，我看平民百姓嫁女儿也比我家主人气派啊！"

谢石派去的人听了以后感叹道："人人都说吴大人是少有的清官，看来真是名不虚传。"

虽然吴隐之的官越当越大，但是他从不贪一分钱，总是洁身自好，清俭不改，每得俸禄，留够口粮，其余的都散发给别人。他的家人以纺线度日，其妻也不曾沾其一分俸禄，而且还常常自己做饭。到了冬天天气寒冷的时候，他们家的茅草房无法抵御寒风，家中没有什么东西可以取暖，也没有什么好的御寒的衣服，吴隐之读书之时就披棉被御寒。后来吴隐之告老还乡，朝廷感念其功，授其光禄大夫，加金章紫绶，赐钱10万，米300斛。一年后，吴隐之过世，朝廷又追赠他为左光禄大夫，加散骑常侍。

寇准罢宴

寇准，字平仲，华州下邽（今陕西渭南）人，北宋政治家、诗人。寇准从小就非常聪明，七岁时随父登华山就留下了“只有天在上，更无山与齐。举头红日近，俯首白云低。”的诗句，19岁时赴汴梁（今开封）会试就被录取。刚开始的时候，由于政绩显著，寇准的仕途还颇为顺利。但是由于他刚正不阿，敢于向皇帝直谏，所以屡受排挤，仕途不济。

有一年，天下大旱，宋太宗召群臣讨论这件事情。很多大臣都告诉宋太宗这是上天的旨意，不是人力所能左右的。而寇准却利用这个机会，向宋太宗谏言，是因为刑罚不明的缘故——将干旱与官宦的执法犯法和营私舞弊连到一起。宋太宗不知道其中的缘故，就仔细地询问了这件事情。寇准于是将祖吉、王淮两人受贿犯法之事做了比较，告诉了宋太宗。寇准告诉宋太宗，祖吉与王淮都犯了收受贿赂之罪，然而，两人的结局却大不一样。祖吉虽然收受的贿赂较少，但是因为无人在朝中为其撑腰，于是，他被判了死刑，被当街斩首示众；而王淮虽然收了巨额赃款，却因其是副宰相王沔的弟弟，因此只受了杖刑，而且不久之后就官复原职了。寇准告诉宋太宗就是因为这样，才会造成灾难的。宋太宗知道了王沔包庇一事后非常生气，就责问王沔。王沔见宋太宗责问，不敢隐瞒，连忙低头认罪。寇准因此得到了宋太宗的称赞，并被升为左谏议大夫、枢密院副使。

有一次，寇准外出，有个疯子拦住寇准的马，高呼寇准为万岁。这件事情被和寇准有过节的张逊知道后，连忙派人告诉了皇帝，并诬其有异心。恰巧当时寇准身边有同僚可以作证，于是寇准便在朝堂之上为自己辩护，大声斥责张逊。张逊不甘示弱，仍大揭其短。两人在朝堂之上的争吵，惹怒了宋太宗。接着张逊被撤了职，而寇准则被贬到外地。寇准虽然被贬到外地，但是宋太宗仍然非常想念他，因为只有他才会不顾一切说出真话，是国家的栋梁之臣。一年后，宋太宗重新将寇准召回京中，并升为副宰相。

其实寇准并不是没有缺点的，年轻的时候他也曾经犯过错，沾染上一些官家子弟的坏毛病，后来才慢慢地改掉了。

寇准年轻的时候就得到了宋太宗的信任，因此得到宋太宗做主，取了邢国公宋准的幼女宋娥为妻。这个宋娥是赵匡胤和宋皇后的幼妹，人长得非常漂亮，而且还非常地聪慧，多才。得此娇妻，寇准非常开心，和娇妻日夜设酒宴，天天赏歌舞。

有一天，寇准又和妻子在欢宴，突然仆人前来报告，门外有老汉求见。寇准本想不见此人，但是门人说此人是他的同乡，寇准才连忙让人将该老汉请进家来。不一会儿，门官领来一个老汉，衣着破烂，脸上布满皱纹。寇准一看，原来是自己的舅父赵午，便忙拉宋娥一起上前拜见，侍女也急忙搬来椅子，让老人家坐下。谁知老汉两眼发呆，并不回答寇准夫妻的问话，却大哭起来。寇准忙问老汉是受了什么委屈，还是家里出了事情。老汉连连摇头。问了半天，老汉才长叹一口气，叫着寇准的小名，说："我进了这相府，见你这么荣华富贵，又听你手下人说，你每日每夜都是这样，叫我不由得想起我那可怜的老姐姐了。她一辈子受苦受难，没过一天好日子！"寇准听舅父说起母亲，慌忙跪倒，说："都是甥儿不好，得意忘形，忘了母亲早年的苦楚。"

赵老汉擦了擦眼泪，拍着寇准的肩膀说："牛娃子，那年你爹去世，你才 10 岁，你娘昼夜纺线织布，供你读书，我送你上华州会试时，你穿的蓝布袍还补着补丁。后来，你一直没回家来。你母亲归天时，你正在关外操劳王事，顾不上奔丧，我也不能怪你。你现在当了大官，又娶了皇姨，从地下到了天上，欢乐几天也就是了。可你天天作乐，夜夜宴饮。你娘受过的苦难，你不是早忘光了吗？"

寇准听完舅父的话后，非常难过，觉得自己对不起母亲，忘了本分，于是忙给舅父磕头认错。他对舅父说："舅父教训得是，甥儿得益不浅，母亲弃世时，我君命在身，忠孝不能两全，是甥儿终生憾事。不过，母亲的苦楚，甥儿实不敢忘。甥儿今为国家大臣，誓以上报宋王，下抚黎民。"说罢，忙和宋娥劝舅父入席用饭。

老汉看着宴席上的山珍海味，硬是不入席，却指着宴席说："这一桌饭，够咱家乡一家人过几个月！你在京城里吃得这么好，可知咱们家乡今年遭受大旱，颗粒无收，一斗米涨到一千钱。现在还没过年，已闹起了饥荒，到明年春天，不知要饿死多少人呢！想到这，我怎么能吃下这样好的饭呢?"

寇准也听说家乡有旱情，可是从地方官的奏折里，却看不出灾情的严重程度。听舅父这一说，顿感自己失职，愧对乡里。他安排舅父住下，急忙回到大厅，吩咐撤了宴席，并以此为戒，永不夜宴。

第二天早朝，寇准将故里旱情如实奏给太宗，并请旨回陕西督赈和询察民情。他回陕西后，为家乡办了一些好事，还把关中的赋税免征三年。

寇准由于为人正直，因此得罪了不少的朝中大员，屡被排挤，后死于雷州，死时62岁。死后家中无钱送其灵柩回乡，其夫人宋娥为此入宫，请求朝廷拨款搬运寇准灵柩。结果拨款仅够运到宋氏住地洛阳。11年后，仁宗为他昭雪，归葬今临渭区官邸。

范仲淹教子

范仲淹，字希文，吴县（今属江苏）人，北宋著名的政治家，文学家。范仲淹年轻的时候，就以天下为己任。曾因犯颜直谏而三次被贬。他曾想通过改革——主张建立严密的仕官制度，注意农桑，整顿武备，推行法制，减轻傜役等来强国兴民。可惜他的主张遭受到了保守派的反对而不能实现，因而被贬至陕西四路宣抚使，后来在赴颍州途中病死，卒谥文正。他的"先天下之忧而忧，后天下之乐而乐"的思想得到了人们的肯定，朱熹称他为"有史以来天地间第一流人物"。

989年，范仲淹出生在徐州。第二年，他的父亲便病逝了。他的母亲谢氏贫困无依，只好抱着襁褓中的仲淹，改嫁山东淄州长山县（今山东邹平县附近）一户姓朱的人家。范仲淹也改从其姓，取名朱说，在朱家长大成人。

朱家是长山的富户，吃穿不愁，生活无忧。然而从小就有远大抱负的范仲淹却不因此而不思进取，整日只知道享受。相反的，他生活得比较艰苦，为了励志，他常去朱家附近长白山上的一间寺庙寄宿读书。每天早晨天还没亮他就起床读书，夜深时候才去睡觉，一年四季日日如此。当时朱家虽是大户人家，但是范仲淹每日在寺庙里的饭食只有粥——他每天只煮一锅稠粥，凉了以后划成四块，早晚各取两块食用，吃完继续读书。

这样过了几年之后，范仲淹发现了自己的身世之秘，自己原来是苏州范家之子，这些年来，一直靠继父的关照度日。这件事情对范仲淹的触动很大，在愧愤交集之下，他决心脱离朱家，干出一番大事业，然后再来接养母亲。于是他收拾了几件简单的衣物，不顾朱家和母亲的阻拦，含泪告别了母亲，从此离开长山，徒步求学去了。

后来范仲淹来到了宋代著名的四大书院之一——睢阳应天府书院（今河南商丘县）求学。应天书院的藏书很多，可以供学生饱读；应天学院的老师都是当时非常有名的饱学之士；在该学府就读的学生大部分都非常出色，才智俱佳；还有一点就是该学院的学生是免费就学的。因此范仲淹非常珍惜这个崭新的学习环境，日夜不停地认真学习。应天府后来改名南京，应天府书院所以又叫南都学舍。

范仲淹到了新的环境后，除了比以往更加认真学习之外，生活仍和原来无异——生活简朴，喝粥度日。当时他的一个同学是南京留守（南京的最高长官）的儿子，看他生活贫困，一年到头都在喝粥，于是，便常常送些好吃的东西给他。谁知道他却一口都未曾尝过，任由美味佳肴发霉、变质，直到人家怪罪起来，他才长揖致谢说："我已安于过喝粥的生活，一旦享受美餐，日后怕吃不得苦。"经过几次之后，同学也知道了他的秉性，便不再勉强他了。于是他就一直喝粥，过着苦读的日子。

有一年，宋真宗率领百官到亳州（今安徽亳县）去朝拜太清宫。浩浩荡荡的车马路过南京（今河南商丘），整个南京城都轰动了，人们争先恐后地去看皇帝到底是长什么样子，学院的学生也都跑去了，只有范仲淹一人闭门不出，仍然埋头读书。当时，有个和范仲淹比较要好的同学，以为范仲淹不知道这件事情，于是就跑来告诉范仲淹说，皇帝路过南京，这是个千载难逢的一睹皇帝真容的机会，要范仲淹不要放过这个机会。但是范仲淹只是随口回答说："将来再见也不晚"，然后头也不抬地继续读他的书了。

那位同学讨了个没趣，就自己走人了。第二年范仲淹就中了进士，见到了皇帝。中了进士不久之后，他先被任命为广德军的司理参军，后又被调任为集庆军节度推官。这个时候他就将母亲接到自己的身边，亲自奉养，并正式恢复了范姓，改名仲淹，字希文。

范仲淹的母亲在范仲淹的照料下，度过了自己最后的岁月。在和范仲淹一起度过几年之后，她就因病离开了人世，范仲淹含泪服丧，回南京居住。当时南京留守官晏殊，听说仲淹通晓经学，尤长于《易》经，而这个时候范仲淹又在南京为母居丧，因此特地邀请范仲淹协助戚氏主持应天府学的教务。范仲淹毫不犹豫地就答应了下来，同时他还为晏殊推荐另一位人才——富弼。

为了能更充分地做好管理教务及教导学生的工作，范仲淹干脆搬到了学院去住，将更多的时间都花在了教育学生的工作上面。他制定了一套作息时刻表，按时训导诸生读书。夜晚，还经常深入宿舍，检查和责罚那些偷闲嗜睡的人。每当给诸生命题作赋，他必定先作一篇，以掌握试题难度和着笔重点，使诸生迅速提高写作水平。经过他的一番治理，应天府书院的学风，很快就焕然一新。从此他的声明也远播四方，不时有人前来向他求教或是切磋。

对于那些前来学院找他谈论学识的人，范仲淹都非常欢迎，除了耐心地教授他们知识外，他还常常负责招待他们，请他们吃饭。由于他的俸禄本来就很微薄，再加上要招待前来求教之人，使得他本来就很清贫的家，变得更加窘迫不堪。当时他还救济过一位叫做孙复的落魄秀才，为其介绍了一份学院的工作，让他得以养活老母，也有时间研究学问。后来那位秀才不负范仲淹所望，果然成了一位德高望重、学识丰富的学者。孙复后来还开办学校，教授了不少的学生，为北宋培育了不少的人才。除了孙复之外，范仲淹还联络和帮助过许多著名的学者，如胡瑗、李觏、张载、石介等。或邀聘他们到自己的管界主持教务，或荐举他们出任朝廷的学官，或指点他们走上治学之路。范仲淹非常注重对人才的培养，他每到一处首先关心的必定是当地兴办学校的情况，到了担任宰相之时，他更是下令所有的州县一律办学。

为母服丧结束之后，范仲淹回朝述职。回到朝廷之后，他因为敢于直言，得罪了不少朝中大员，曾经被贬三次。然而他却并未因此而畏缩不前，而是更加用心为民办实事。他每到一个地方任职，必定会造福该地；他每到一处便是：兴修水利，培养人才，保土安民，严肃吏治，使得当地人民受益良多，受到了百姓们的爱戴。在他离任时，百姓常常拦住传旨使臣的路，要求朝廷让范仲淹继续留任。范仲淹的政绩如此斐然，然而在生活上却一点也不奢华，生活十分俭朴——平时居家不吃两样荤菜，妻子儿女的衣食只求温饱，华服美食对他们来说是非常遥远的。范仲淹住的房子也非常简陋，就算是到了晚年，他也没有给自己或是家人建造一座像样的宅第。范仲淹治家严谨，因此家人也都能谨守本分，从不对他提出任何过分的要求。他也一直教育家人要懂得简朴生活，就连儿子办喜事都没有破例……

范仲淹有四个儿子，受父亲影响，个个都非常有志气，而且颇具才气。当时许多豪门大户都想将女儿嫁到范家。后来有人为其子范纯仁提亲，想把自己的女儿嫁到范家。那人本以为范家应该是豪门大户，吃的、用的都非常好。可是到了范仲淹的家中一看，根本就不是那么回事，他看到范家上下吃的是粗茶淡饭，穿的是土布衣衫，家里的陈设十分简陋。虽然如此，他还是答应将女儿嫁给范纯仁。

范家的儿子纯仁准备成亲了。女方心想：范家兄弟们多，家底厚实，结婚时应要点像样的衣物家具。而范纯仁知道父亲必定不会答应，便没有答应对方想要做一顶罗绮幔帐的要求。范纯仁知道想要父亲大肆操办自己的婚礼肯定是不行的，他想来想去，最后决定只买两件稍微好些的衣服，这样于父亲、妻子两边都能说得过去。于是，范纯仁将计划购置的衣服列出清单，壮着胆子交给父亲审定。

谁知范仲淹看过单子，立即板起了面孔，说道："婚姻自然是人生大事，但这与节俭有什么矛盾？怎么可以借口'人生大事'而奢侈浪费呢？"

父亲的一番话说得范纯仁羞愧难当，但是为了能在妻子面前说得过去，他只得硬着头皮对父亲说："范家节俭的家风，我从小就知道了，对于想要购置奢华贵重用品之事，我知道错了，以后不会再提。可是有件事我非常苦恼，今天想如实禀报父亲大人。我的未婚妻子想以罗绮做幔帐，孩儿知道这不合范家家风，故不敢答应，可她的父母又出面提出，孩儿碍于他们的情面就没敢再坚持下去。"

范仲淹听后勃然大怒："你知错认错，我不再追究。但是几十年来，勤俭节约是我的家风，用罗绮做幔帐，岂不坏了家风？情面事小，家风事大。你可以告诉他们，如若坚持以罗绮做幔帐，那我范仲淹就敢把它拿到院子里烧掉！就是她家里带来了绫罗帐子，我也不许她挂，不能乱了我的家法。”儿媳妇听说身为副宰相的范仲淹处事这样吝啬，担心过门后过窝囊日子，心里不免有些踌躇起来。

不久，范仲淹派遣他的另一个儿子范纯佑去苏州买麦子。范纯佑将买的麦子装到船上，往家里运，走到丹阳，遇到范仲淹的好友石曼卿正处在贫困之中，连饭也吃不饱。范纯佑随即就把全部麦子救助了石曼卿，空着手回到家里。然后，他把事情的经过一一告诉了父亲范仲淹，父亲对儿子慷慨解囊济贫，感到十分满意，连声赞扬：“做得对！做得对！”他的儿媳妇听说了这件事情又放心了，她终于明白范仲淹虽然对自己要求非常严格，生活简朴，可是对待别人却热情敦厚，乐于义助他人。因此，她就高高兴兴地带着简单的嫁妆嫁到了范家。

由于范仲淹的坚持，范纯仁的婚礼办得十分俭朴，既没有购置贵重奢侈的物品，也没有举行隆重奢侈的婚礼。不仅范仲淹的家风得以维持，同僚们也从中受到很大教育。

1051 年，范仲淹再次被贬，他带病上任，于途中病故，享年 63 岁，葬于河南洛阳东南万安山，谥文正，封楚国公、魏国公。当时他们一家已经没有任何积蓄了，一家人贫病交加，只好借官屋暂栖，用以躲避风雨，知情人都非常同情他们。当范仲淹的死讯被传开后，朝野上下一致哀痛。他治理过的地方的百姓纷纷自发地为其建祠画像，表示悼念。范仲淹的行动和思想，赢得身前身后几代人的敬仰。

苏轼房梁挂钱

苏轼，字子瞻，又字和仲，号东坡居士，北宋著名文学家、书画家、散文家、诗人、词人。苏轼与父亲苏洵、弟弟苏辙被称为是“三苏”，父子三人也是唐宋八大家的代表。

苏轼 21 岁中进士，前后共做了 40 年的官，做官期间他总是注意节俭，精打细算过日子。

1080 年，苏轼被降职贬官来到黄州，由于薪俸减少了许多，他穷得过不了日子，后来在朋友的帮助下，弄到一块地，便自己耕种起来。为了不乱花一文钱，他还实行计划开支：先把所有的钱计算出来，然后平均分成 12 份，每月用一份；每份中又平均分成 30 小份，每天只用一小份。钱全部分好后，按份挂在房梁上，每天清晨取下一包，作为全天的生活开支。拿到一小份钱后，他还要仔细权衡，能不买的东西坚决不买，只准剩余，不准超支。积攒下来的钱，苏轼把它们存在一个竹筒里，以备意外之需。

苏轼虽然常常过着贫穷的日子，但是对人却非常慷慨，而且能够想到他人的难处。他居于常州之时，为了买一所房子，花了自己所有的积蓄，并准备择吉日入住。可是还没等他搬进去，他就把房子无条件地还给人家了。原来有一天，他在新买的房子门前听见一个老太太在啼哭，而且哭得十分伤心。于是苏轼便问老太太为什么哭，老妇说，她有一处房子，相传百年了，却被不肖子孙给卖了，因此痛心啼哭。细问之下，原来苏轼买的房子，就是老太太所说的祖传老屋。于是苏轼对她说："你的祖屋是被我买了，你不必难过，我现在就把房子还给你就是。"说完之后将房契烧了，把房子还给了老太太，而自己则只是租了一个房子住。

朱元璋提倡节俭

朱元璋，明朝的开国皇帝。

1363 年，朱元璋击败长江上游的割据势力陈友谅，次年自立为吴王，并决定建都南京。当时负责在南京造宫室的官员把宫殿的设计图样拿给他看，朱元璋把过于奢华的部分都去掉了。不仅如此，工程完工后，还让博士熊鼎类等将因骄奢淫逸而亡国的历史掌故写在墙壁上，让大家引以为戒。

1368 年，朱元璋在南京正式称帝。他把提倡节俭，反对奢侈提到国家兴亡的高度来认识。他把车轿须用金子装饰的部分命令有关部门一概用铜代替。有人认为这项费用小，算不得什么，他却正色地说："天子富足四海，不是吝惜这一点，节俭是我提倡的，我自己不以身作则，有什么理由让大家这样做？况且奢侈腐化以至误国，追其根源都是由小到大的。"

朱元璋不仅自己保持生活俭朴，还经常告诫太子和他人提倡节俭。一次他退朝回宫，随从的有太子、诸王等人。明太祖指着宫中一片空地对他们说，不是不可建亭台馆榭作为游玩的地方，而是我确实不忍再耗费百姓的人力、物力，过去商纣王征调民力，大造宫室，结果遭到天下人的怨恨，汉文帝打算建造露台，因舍不得百金而取消原来的计划，后来国富民安，你们要经常以此为戒。之后，他还让人在宫中空地上种了蔬菜。他自己每天的早膳，也只有蔬菜而已。

在朱元璋的影响下，宫中的后妃也十分注意节俭。她们从不盛装打扮，穿的衣裳也是洗过的。有个内侍穿着新靴子在雨中行路，被朱元璋发现了，气得他痛哭了一顿。一个散骑舍人穿了件十分华丽的新衣服，朱元璋问他："这衣服用了多少钱？"舍人回道："五百贯。"朱元璋痛心地说："五百贯是数口之家的农夫一年的费用，而你却用来做一件衣服。如此骄奢，实在是太糟蹋东西了。"

洪武三十年（1397 年），明朝正式颁布了几经修改的《大明律》。大明律》对官吏贪污处罚特别重。朱元璋命令在各府州县衙门左侧设剥皮的刑场，贪官若贪污赃银 60 两以上，将被押到这里，砍下头颅，挂到竿子上示众，再剥下人皮，塞上稻草，摆到衙门公堂旁边，用以警告继任的官员。

朱元璋对自己制定的法律，带头实行，而且执行相当严厉。他的女婿欧阳伦，凭着自己是朱元璋与马皇后的亲生女儿安庆公主的丈夫，不顾朝廷的禁令，向陕西贩运私茶。后来一位小吏向朱元璋告发了此事。朱元璋立即下令赐死欧阳伦，同时他还发了通敕令，表扬那位小吏不畏权贵的斗争精神。朱元璋对自己的女婿尚且如此，其他人就更不敢有所逾越了。

朱元璋一生节俭，就是给其最敬爱的马皇后过生日时，他也没有花费多少钱。在马皇后生日的那天，满朝文武官员都前来祝贺，宫廷里摆了十多桌酒席。朱元璋吩咐宫女们上菜。首先端上来的是一碗萝卜，宫女们端上来的第二道菜是韭菜，接着，宫女们又端上两碗别的青菜，吃完后，宫女们又端上一碗葱花豆腐汤。吃饭这餐饭后，朱元璋与大臣们约法三章：今后不论谁摆宴席，只许四菜一汤，谁若违反，严惩不贷。这次宴会之后，文武众官宴会无一敢违例，廉俭之风倒也盛行一时。因为此事，朱元璋的故乡还流传着四菜一汤的歌谣：皇帝请客，四菜一汤，萝卜韭菜，着实甜香；小葱豆腐，意义深长，一清二白，贪官心慌。

朱元璋是一个提倡节俭的皇帝。“自古王者之兴未有不由于勤俭，其败亡未有不由于奢侈”，这是他总结前人历史经验而告诫后人的一句名言。他在位30年，大力提倡节俭，反对奢侈浪费。由于朱元璋提倡节俭，反对奢侈，再加上政治、军事等方面一系列措施的实施，他统治的明王朝日益巩固，社会经济得到迅速恢复和发展。

天下第一廉吏于成龙

于成龙，今山西商县人，自清朝顺治十八年起，历任知县、知府、按察使、布政使、巡抚、总督等职。为官三十多年，为政清廉，勤劳务实，生活俭朴，拒贿倡俭，被誉为“天下第一廉吏”。

于成龙走上仕途之路的第一任职是罗城（今广西北部）知县。当时的罗城属柳州府，地处偏僻，野草遍地；瘴烟疠雨，猛痹出没；民情慓悍，经济凋敝。尽管条件如此恶劣，但他毫不畏惧，说服了家人和亲朋好友，带上自己变卖家产所得盘缠，毅然奔向罗城，决心改变那里的面貌。于成龙对罗城的恶劣环境和人民的困苦情况虽有思想准备，可是罗城的实际情况比传说和预料得要严重得多。广西经过二十多年的战乱后，经济萧条，民心不安，百姓贫困不堪，有的铤而走险，沦为“盗贼”，地方大姓与地主成为世代冤家，相互仇杀，人口骤减。当时，罗城县城只有六家居民，数间草屋，县衙门没有门垣，院中长满荒草，三间草屋破烂不堪。于成龙暨土为案，铺草为床，置土灶一副，办公休息均在草屋之中。就是在这样的条件下，他不辞辛劳，攀山越岭，调查研究，访贫问苦，悉听百姓的呼声，制定改变罗城面貌的计划。他在任罗城七年的县令中，奖励耕织，兴修水利，轻徭薄赋，发展生产，使罗城的面貌得到很大改变，受到人民的衷心拥戴。当他离任时罗城百姓纷纷赶来，遮道呼号，追送百里。

康熙十八年，于成龙因功绩卓著，迁任福建按察使，主管司法事务。当时福建多事，朝廷严禁百姓与台郑氏家庭往来，三令五申不得下海，违者正法。福建居民以海上贸易为生，哪能不下海呢？前按察使以通敌罪逮捕了数千渔民，一时冤狱遍地。于成龙经过调查。发现这些人多属冤枉，上报朝廷同意后，随即释放了大批渔民。

于成龙为官30年，清操苦节，竭忠尽力，体国恤民，倡廉禁贪，自奉俭约，拒贿禁奢，不仅深受百姓的拥戴，而且赢得朝野的敬仰。送礼受贿，生活奢侈，这在封建社会官场中，是一种司空见惯的腐败现象，而于成龙对此深恶痛绝，在他任罗城知县时，曾有几个小伙子出于对他的关心，持钱奉献，让他作生活费用，他拒绝接受。一次他的夫人来罗城探亲，百姓得知后，纷纷前来送钱赠物，让夫人带回家，以表他们一片心意。于成龙感激之余，婉言谢绝说："这里远离我的家乡，夫人只身一人携带这么多财物，一来行走不便，二来容易为盗贼所害，大家既是爱我，就请将钱物带回。"百姓跪倒在地，哭着不肯起来，坚持要他收下，他再三劝说，始终未收分文。

于成龙任福建布政使时，主管钱赋，经他手的钱何止千万，他却一尘不染，两袖清风。为勉励自己，告诫部下，他书写了一副对联悬于堂上，上联是"累万盈本，尽是朝廷正赋；倘有侵凌，谁替你披枷带锁"；下联是"一丝半粒，无非百姓脂膏；不加珍惜，怎晓得男盗女娼"。

福建的漳州、泉州当时是重要的对外贸易港口，外国商人为了谋取贸易交往中的好处，经常把一些贵重物品赠送给布政使，于成龙认为身为大清官吏，接受外商馈赠，不仅辱及人格，而且有损国格。每当有人来赠送时，他一律斥之不受，外商感慨地说："天朝洪福，有如此清官，我等周游列国，从未见过，真是难得呀。"在封建社会里，各级官吏为得到庇护或升迁，往往利用上司生日寿辰、儿女婚嫁等机会大肆行贿送礼，为了摒弃这一陈规陋习，禁绝馈赠受贿，于成龙升任直隶巡抚之初，就申明不受一切馈赠。

康熙二十年，于成龙政绩传遍京师，康熙在京召见他，称他为"清官第一"。就在这年冬天，他升任为江南、江西总督。总督，这是明清时代显要高级的地方官，权势极大，在清朝做官能做到巡抚、总督这一级大都是久经宦海沉浮的人。这些人一般都明白，自己官已到头该想想后路了，便从各方面做些安排。在处理政务方面，小心谨慎，不求有功，但求无过；在生活方面，极为贪图享乐，安逸舒服；在经济方面，大都拼命聚敛财富，广置田地家产。因此，当时一些督抚大员表面上道貌岸然，高高在上，实际都是一些饱食终日，不思进取的既得利益者，很少有兢兢业业的处理政务者。于成龙与此迥然不同，他在两江总督任上，仍保持着勤劳务实的作风，一改过去官场那种污浊风气。总督属于封疆大吏，上任时要有全副仪仗，前有执事喝道，后有兵丁护卫，所经之处，官绅躬候迎送。于成龙却与众不同，去江宁上任时，他与小儿子雇了一辆驴车，拿上数十文钱，沿途住宿不投公馆，边走边访贫问苦。两江总督府的官吏按惯例置仪仗，文官武将在城门上恭迎，等候了大半天仍不见人到，众人正在焦急之时，忽报新任总督早已单车轻装入衔。大家忙赶去部署，准备设宴为于成龙接风洗尘。于成龙笑着对大家说："以酒肴酬劳我，不如酬谢我鱼壳。"原来，他在赴任的路上，打听到江洋大盗鱼壳掠人财物，坏事做尽，民愤极大。他以重金招募武艺高强的人将鱼壳抓获，为百姓除了一害。

于成龙一生勤劳节俭，终年布衣素食，甚至不如老百姓，但他处理政务却尽心竭力，经常通宵达旦。为官 30 年，从来没有携带家属到任所，直到年已高达 65 岁时，才不得不带小儿子在身边，以便照顾他。早在他任福建按察使，临走前，让人买了数百斤萝卜放在船上，人们不明白他的意思，问买这么多有什么用？他回答说："路上当菜，全靠它了！"他任两江总督之初，适逢当年遭灾，于成龙十分惦念灾民，将自己的俸禄赈济老弱病残者，而自己却吃粗茶淡饭，每当青黄不接时，还以糠菜当食充饥。

由于为官清廉，以身作则，江南的社会风气也改变了许多。当时江南经济已经相当发达，官僚、贵族、富商大贾竞相追求奢侈豪华，市民们也崇尚华贵虚浮，于成龙到任不久，他们就开始改穿布衣，门第高贵的人出门时也减少了随从和车辆，不敢再炫耀财势了，大户人家红白喜事，也不像过去那样讲究排场了，许多高门大院住宅，悄悄改成了小门楼。

康熙三十八年，68 岁的于成龙病逝于两江总督任上，因为他的家属不在身边，他的丧事最初全由部属操办。将军督统进入他的居室，见这位总督大人遗物少得可怜，床头有旧藤箱一个，内有替换的旧衣一套，旧靴子一双；罐中粗米几斛，食盐数斤，此外就是一些书籍。于成龙逝去的消息传出，江宁城中市民停业，痛哭流涕，许多人家把于成龙的画像挂在家中祭拜。出殡那天，各界数万人，步行二十多里，哭声震天。

第二年十一月，康熙南巡，沿途考查官吏政绩。众多百姓一致称赞于成龙，康熙感慨地对随行人员说："朕博采舆论，都称于成龙为天下第一廉吏。他不愧为百姓的父母官，朕的股肱之臣。"

朱德的扁担

“朱德挑粮上坳，粮食绝对可靠，大家齐心协力，粉碎敌人围剿。”这是一首反映朱德同志在井冈山革命根据地，艰苦奋斗，与当地军民同甘共苦的革命精神的歌谣。

1928年秋天，国民党反动派对井冈山革命根据地实行了残酷的军事“围剿”和经济封锁，妄图把井冈山根据地军民困死、饿死。为了保卫井冈山革命根据地，粉碎敌人的阴谋，毛委员和朱德军长向根据地的军民发出了这样的口号：自力更生，艰苦奋斗，坚持斗争。

那时候，部队吃粮，需要往返五六十里的山路到宁冈去挑，于是红军发动了一个挑粮运动。毛委员和朱军长同战士们一样，脚上穿着草鞋，头上戴着斗笠，翻山越岭，亲自参加挑粮。

当时，朱德同志已经四十多岁了。战士们见他为革命日夜操劳，在百忙之中还和大家走山路过小河挑粮，生怕他累坏了身体，战士们都劝说：“朱军长，你那么忙，就不要挑了。”朱德感谢同志们的关心，仍然坚持要挑粮。战士们见劝说不起作用，就商量把他的扁担藏起来，以为朱德同志没扁担就挑不成粮了。谁知朱德同志又用竹子削了一根扁担，第二天又照样和战士们一起挑粮，战士们见朱德同志又有了扁担，晚上又把它藏起来，没有想到，第三天他又照样出现在挑粮的队伍里，而且他在新削的扁担上，特地刻上了“朱德记”三个字。朱德军长笑着对战士们说：“你们以后谁再‘偷’我的扁担，我可要批评。”朱德同志的一席话说得战士们都笑了。

从此，“朱德的扁担”这个故事，就像长了翅膀，传遍了整个井冈山，也传遍了全中国，激发了全国人民争取革命胜利的斗志。

解放后，彭德怀同志问他的警卫员，你学习了《朱德的扁担》，懂得什么意思吗？警卫员说这一课“简单”。彭总说，这一课才不简单哩！这条扁担说明了我们的中国共产党是干什么的，说明了我们共产党领导的干部和旧社会官老爷的区别，一个共产党员，不论地位多高，官职多大，都是人民中的一分子，应该热爱劳动，热爱劳动人民，和人民同甘共苦，按人民的意思办事情。人民靠扁担挑粮吃的时候，我们不能坐着吃现成的，人民的肩膀还压着扁担的时候，我们不能自己躲到一边图清闲、享清福，而应想着如何通过自己勤奋劳动换来劳动人民生活的改善。

孟泰仓库

孟泰，河北省丰润县人，1898 年出生于一个贫苦农民的家庭，新中国成立后第一代全国著名的劳动模范。他曾先后八次受到毛泽东主席的接见，曾当选为第一、二、三届全国人民代表大会代表，当选为中国工会第七、八次全国代表大会执行委员。

孟泰于 1949 年 8 月加入中国共产党，是鞍山解放后第一批发展的产业工人党员之一。1948 年底，辽沈战役胜利结束后，东北人民开始进入大规模经济恢复和建设的新时期。这年冬天，孟泰带领全家跟随解放军从通化铁厂回到曾经工作过的鞍山钢铁厂。当他回到鞍钢工厂时，工厂面临的问题是：设备奇缺。孟泰带领着工厂的工人们刨开厚厚的冰雪，将日伪时期遗留下来的几个废铁堆翻了个遍，把埋在地下和废铁堆里的各类器材一件件收集起来，建成了当时著名的“孟泰仓库”。后来中央要求鞍钢迅速恢复生产，孟泰收集的配件很快修复了三座高炉，没花国家一分钱，“孟泰仓库”也由此闻名全中国，鞍钢也成了各地工人学习的地方。

抗美援朝战争时期，孟泰主动要求担任护厂队员——他将自己的被子和生活用品都搬到了高炉上，吃在车间，睡在车间，冒着遭空袭的危险，随时保护着高炉。

在苏联政府停止对我国供应大型轧辊，致使鞍钢面临着停产威胁的情况下，孟泰组织了五百多名技协积极分子，开展了从炼铁、炼钢到铸钢一条龙式的厂际协作联合技术攻关，先后解决了十几项技术难题，终于自制成功了大型轧辊，填补了我国冶金史上的空白，被誉为“为鞍钢谱写的一曲自力更生的凯歌”。他自己设计制造成功的双层循环水给冷却热风炉燃烧筒比以前提高寿命100倍。

在“文化大革命”中，他顶着各种压力，使鞍钢的生产秩序免于受到各种各样的冲击。在他担任鞍钢炼铁厂副厂长的8年中，被工人们称为“身不离劳动，心不离群众的干部”。1967年9月，积劳成疾的孟泰在北京病逝。

孟泰虽然过世了，但是他的精神没有泯灭，一直激励着广大的鞍钢员工。1986年4月，鞍钢公司为孟泰同志举行了塑像揭幕仪式，基座上镌刻着“孟泰精神永放光芒”的题词。1993年4月，鞍钢工会与鞍山市立山区政府共同为孟泰同志在立山公园建造了全身塑像，并将立山公园更名为孟泰公园。而他创的“孟泰仓库”也被一代代地传承下来。

1993年，胡康振被大家推举为“孟泰仓库”保管员。胡康振对各种配件非常了解，平时也积极投身于废品的收集和利用。接受了保管员一职后，胡康振非常兴奋，暗自发誓要将老孟泰勤俭节约的精神继续发扬下去。胡康振非常热衷于保管员一职，并不是因为这一职务可以给他带来额外的津贴，因为这只是个业余职业，并没有什么特别的补助。但是，这却是鞍钢给予他最高的荣誉。

胡康振走马上任后，就将仓库当成了自己的家，只要到了工厂就一定要进孟泰仓库看一看。工厂每次检修的时候，都会换下不少的废旧配件，胡康振带领着工人，将这些配件全都收入仓库。平常有空时，他就带领着工人们，对换下来的配件进行归类、清洗、修理。经过他们一番处理后，有一些配件又可以重新派上用场。据说，经过处理后又派上用场的配件，每年能达万件，每年为工厂省下不少的钱。

孟泰仓库中不仅能找到工厂常要使用的零件，有时候还能找到奇缺的零件。有一年冬天，鞍钢某高炉炉缸冷却壁的一个法兰盘阀门出现故障，需要更换的一个阀门芯子。当时鞍钢的仓库里并没有这种芯子，要是去外地买，要花上至少两天的时间，那样工厂就得停产两天，这样会造成12000吨铁的损失。在这样的情况下，大家都想到能不能从孟泰仓库中找到这种芯子。胡康振听说了这个情况后，就跑进仓库寻找了一番，果然找到了要用的芯子。其实这样的事情常常发生，因此人们称该仓库为鞍钢的应急仓库。如今该仓库每年能为鞍钢节约五十余万元。

第六章　能胜强敌者，先自胜者也

天行健，君子以自强不息。

——《周易“乾”象》

临终遗言教子

孙叔敖，期思邑潘乡（今河南省固始县）人，春秋时期杰出的政治家。公元前601年，出任楚国令尹（楚相），辅佐楚庄王施教导民，宽刑缓政，发展经济，政绩赫然。他主持兴修了芍陂（今安丰塘），此举不但改善了农业生产条件，也增强了国力。

孙叔敖年少的时候，有一次在外玩耍时，忽然看到路上爬着一条双头蛇。他以前曾听别人说，谁要是看见两头蛇，一定就会死去。想到这里，孙叔敖心中不免一惊，转而一想：“如果别人也看到这条蛇的话，那不是也会死吗？既然我看到了，就不要再让别人看到了吧，就让我一个人死好了。”于是从路边捡起一块大石头，打死了双头蛇，并把它深深地埋起来。

回到家中之后，孙叔敖心中一直想着白天看到两头蛇的那件事情，于是心中闷闷不乐，饭也吃不下去，一个人坐在油灯前发呆。孙叔敖的母亲见到儿子这个样子，很奇怪，就问他怎么了。孙叔敖抬头看了看母亲，摇摇头说：“没什么。”然后低下头去，继续想着那两头蛇的事情。母亲好奇，一再追问，最后孙叔敖忍不住扯住母亲的衣袖伤心地哭起来。孙叔敖边哭边说：“今天我在外面看到了一条双头蛇。听人说，看见这种蛇的人会死去的，要是我死了，我就再也见不到您了……”

母亲于是问他：“现在那条蛇在哪里呢？”

孙叔敖边擦眼泪边回答说："我怕再有人看见它也会死去，就把它打死后，埋起来了。"

母亲听了孙叔敖的话后很欣慰，她对儿子说："好孩子，你做得对。你的心眼这么好，你一定不会死的。好人总是有好报的。"

孙叔敖半信半疑地看着母亲，点了点头，不过心里依然忐忑不安，担心自己就这么死去。可是日子一天一天过去了，也没有什么事情发生在他的身上，于是孙叔敖渐渐地就忘了这件事情。

孙叔敖被拜为楚国的宰相时，楚国的大臣和百姓都前来祝贺。等到孙叔敖送走这些人后，来了一位老者，老人穿着麻布制的丧衣，戴着白色的丧帽，看样子是前来吊丧的，而不是前来祝贺的。孙叔敖听家仆说来了这么一位宾客后，连忙整理好衣帽出来见老人。

孙叔敖见到老人后，毕恭毕敬地对老人说："楚王不了解我没有才能，让我担任宰相这样的高官，人们都来祝贺，只有您来吊丧，您应该是想要给我点指教吧?"

老人说："我是有话要说。当了大官，对人骄傲，百姓会远离他；职位高，又独揽大权，国君就会厌恶他；俸禄优厚，却不满足，祸患就可能加到他身上。"

孙叔敖向老人拜了两拜，说："我诚恳地接受您的教训。"孙叔敖知道老人还有话没有说，于是便对老人说："我还想听听您的其他意见。"

老人说："地位越高，态度越谦虚；官职越大，处事越小心谨慎；俸禄已很丰厚，就不应索取分外财物。您严格地遵守这三条，就能够把楚国治理好。"

孙叔敖回答说："您说得很对，我一定会牢牢记住它们!"

后来孙叔敖一直按着当日对老者的承诺，态度谦逊，处事小心，生活俭朴，楚国的人们都因此非常尊敬他。后来楚王多次因其有功，要对他进行封赏，都被他推辞掉了。孙叔敖为官多年，家里却没有一点积蓄，临终时，连棺椁也没有。孙叔敖临死之际告诉儿子，自己死后楚王一定会因自己的功劳而重赏他的，但是他告诫儿子，不管楚王说什么都不能接受。如果楚王执意要赏赐的话，就要一小块地自耕自种，只要足以度日就行。

孙叔敖死后，楚王果念其功，要对孙叔敖的一家人进行封赏，可是孙叔敖的儿子一直记得父亲的临终遗言，不肯接受楚王给的高官和丰厚的赏赐。他对楚王说，自己的父亲临终之时，就知道楚王会有此举，因此交代自己不能接受，而自己也答应了父亲，因此不敢违背死去的父亲的意思。最后楚王按照孙叔敖的意思给他的儿子赏赐了一块荒芜之地——寝丘。从此以后孙叔敖的儿子就在寝丘过着自食其力的生活。

后来人们知道孙叔敖临死前还有此决定的时候，非常佩服他，后人更是将他教儿子应该自食其力、不靠祖上荫庇当成教子的典范。

卧薪尝胆终复国

勾践，姒姓，又名菼执，春秋末越国国君。勾践曾败于吴，为求复国，勾践假装屈服求和，成为吴王夫差的仆役。回到越国后，他卧薪尝胆，发愤图强，终使越国成强国，最终灭了吴国，他的故事也因此变成了一个神话。

公元前6世纪中叶，越国与楚国联盟，成了楚国的属国，楚为了制服吴国，助越攻吴。后来吴王阖闾打败了楚国，成了南方霸主，于是素来与吴国不合的越国就成了阖闾攻击的下一个目标。公元前496年，越王允常死，其子勾践即位。吴王阖闾认为越国新丧，正是自己攻击越国的最佳时期，于是派兵伐越。两军在槜李（浙江嘉兴）短兵相接。勾践看到吴军阵容严整、不易突破，于是派出三队罪犯，每个罪犯的脖子上架一把锋利宝剑，边喊边冲到吴军阵前，集体自刎倒在吴军脚下。吴军士卒从未见过这样的场面，因此不知所措，乱了阵脚，越军便乘此良机发起冲锋，吴军大败。吴王阖闾还被越军射伤，在回吴的途中因伤势加重，不治而亡。

阖闾死后，其子夫差继位，成了吴王。夫差日夜想着父亲的死，心中满是对越国的怨恨，他立下重誓要为父亲报仇，于是加紧训练吴国兵士，准备讨伐越国，一举攻下越国的都城。两年后，夫差终于出兵攻越，两军交战于夫椒（今太湖洞庭山）。吴国兵力强盛，再加上夫差这两年来的加紧训练，以及强大的复仇心理的支持，双方一交战，吴军就打得越军溃不成军。吴国军队乘胜攻进越境，勾践只剩五千甲士退守都城会稽。

眼看国家就要灭亡了，勾践却不知道该怎么办。这时候，范蠡给一筹莫展的勾践提了一个建议，要他给吴国送上丰厚的礼物，再低声下气地请求吴王的谅解，假装臣服于吴，他日再寻机报复。虽然说一国之君，向别人摇尾乞怜实在令人难以接受，但是勾践别无选择，只好接受了范蠡的意见。于是勾践派大夫文种到吴请罪，恭恭敬敬地对夫差说，勾践愿为吴王臣仆，并且恭恭敬敬地呈献上越国的宝器珍玩给夫差。夫差见这么多的宝物，而且勾践也成不了什么大气候了，于是便想答应勾践的要求。不过大臣伍子胥坚决反对夫差接受勾践的投降，他对吴王说："主公不能答应勾践那小子的要求！您必须彻底灭掉越国才行。"

正当吴国君臣争议未决之际，文种回国后又向勾践提出新的计谋，说吴太宰伯嚭贪财好色，可以利用他达到目的。于是越国就准备了美女和不少的钱财宝物送给伯嚭，并让他在吴王面前说好话。伯嚭受了美女宝器后果然劝说夫差接受越降，同时引文种朝见吴王。文种一面说好话，一面委婉地威胁说，若越国万一不得宽宥，勾践将杀妻灭子，销毁玉器，剩下的5千兵甲殊死抵抗，来一个鱼死网破，对吴国没有好处。骄横自满的夫差在文种与伯嚭的软硬夹击下，不顾伍子胥反对，最终答应了议和。

按照双方的约定，勾践夫妇在范蠡等大臣陪同下到吴做人质。在吴国的三年，勾践夫妇忍辱负重，替吴宫执鞭驾马，小心翼翼。夫妻二人原来是锦衣玉食，如今穿的是粗布麻衣，吃的是粗茶淡饭，然而二人毫无怨言，极尽屈辱，处处安分守己，消除了吴王的戒心。仗着伯嚭的帮助，终于得到赦免，君臣回国。

重返故土后，勾践为了激励自己，也为了让自己记住兵败后在吴国受的屈辱，于是亲自下田耕作，让夫人织衣，食不加肉，衣不纹饰，赈穷济贫，与百姓同甘共苦。而且回国后他并没有睡在铺满锦缎的床上，而是睡在草薪上，他还在室内挂一个苦涩猪胆，坐卧草薪都注视着它，进出门时要尝上一口，以示不忘过去，发愤图强。

勾践节省财用开支，开展富国强兵运动——发展生产、繁息人户、发展冶铸手工业；招贤纳士，重用文种、范蠡，并广招四方贤士；加强军事训练、广征官员，制造强弓利剑，训练"习流"水军，教育士卒勇于听命、乐于建功；重建城郭，加强国防。经过几年时间的休养生息，越国终于民富国强，社会安定。

为了不使夫差怀疑越国正在养精蓄锐，图谋反击吴国，勾践还经常向吴国献上玉帛珍玩，还把美女西施、郑旦送给夫差。勾践趁夫差沉迷于女色中时，假借饥荒，向吴贷口粮，以充粮库，又把偿还的粮食煮熟，让吴用作种子，使得吴国当年颗粒无收，还消耗了大量的民力和财力；同时离间夫差、伯嚭与伍子胥的关系。

夫差迷恋酒色、贪图享受，伍子胥心情沉重，一直劝诫夫差"勾践不除，必为国患"。但是夫差由于收到勾践的不少好处，再加上伯嚭的谗言，早就对伍子胥不满，于是就赐剑给伍子胥，让他自刎。伍子胥死前对夫差说："把我的一双眼睛挂在姑苏城东门，让我亲眼看看越国大军怎样进门!"夫差听完之后，火冒三丈，之后让人将伍子胥尸首包在皮革中，抛于江中，葬于鱼腹。可怜一位忠臣就这么死了，而且死得如此凄惨。

公元前 482 年，吴国粮食歉收，为转移国民视线，夫差挥师北上，大会诸侯于黄池（河南封丘西南），与晋争做霸主。越国收到消息之后，积极准备，他们想利用夫差不在吴国国内的时候，攻打吴国。勾践依照范蠡计谋，等到吴军达到黄池之后，发兵 5 万，分成 3 路，向吴国进军，吴兵大败，太子友等 3 将被俘。越军烧了吴国都城姑苏城，夺取了吴的船只。在黄池的夫差收到消息后，封锁了消息，最终如愿以偿地当上了盟主，之后立即起身回吴。回到吴国之后，夫差请求议和，并且答应向越国纳贡。勾践君臣经过一番思量后，一方面答应了吴国的要求，另一方面却在继续加紧灭吴的准备工作。

公元前 478 年，越国了解到吴国国库空虚，民不聊生，军卒疲惫，觉得灭吴国的时机到了，于是出兵吴国，三败吴兵，并且一直打到姑苏城下。三年之后，越军再次进攻姑苏，因为对越军的一再侵犯有所防范，因此夫差加固了城墙，越军一时无法攻下姑苏。于是勾践采取长期围困战略，一直将夫差困在城内两年，两年之后终于攻破姑苏城。夫差只好逃到姑苏台上，并派人向勾践请降。勾践准备答应，遭到了范蠡的反对，范蠡提醒他别忘自己忍辱负重 20 几年是为了什么，还提醒他夫差就是答应他的要求才招致灭国的。被范蠡这么一说，勾践拒绝了夫差提出投降的要求，但不忍杀他，就派人对他说："我给你甬东（舟山群岛）之地住下，以三百家百姓供给你衣食。"吴王听完，说："我老了，不能侍奉君王了，也无老脸去见子胥!"说完就自杀身死。

悬梁刺股终成名

悬梁刺股的故事说的是战国时期苏秦和东汉时期孙敬勤学的故事。苏秦，字季子，战国时洛阳（今河南洛阳东）人，是与张仪齐名的纵横家。孙敬，字文宝，东汉著名的政治家。

苏秦出生于贫寒之家，不过素有大志，他曾在很有名望的鬼谷子门下，学习纵横家的言论。苏秦因家境不好，没钱买书，因此就卖发或是给人家打短工换钱买书。渐渐的，苏秦的学业开始长进，得到了老师的肯定。不过随着进步而来的是他开始变得骄傲自大起来，之后渐渐地听不进老师的教诲了。他以为自己已经学到了纵横术的所有知识，能够建立一番事业了。于是，他便收拾好行李，告别了老师和朋友，一个人外出游说他的“合纵连横”理论去了。

苏秦先是主张“合纵”——弱小的国家联合起来，阻止强国的兼并。苏秦准备拜访的第一个人是周天子，由于没人给他引见，被冷落了一年多。一气之下，他又到了秦国，向秦惠王宣传“连横”的意见，劝他用此办法来兼并各诸侯国，以统一天下。他先后写了十来封意见书给秦惠王，但都没有引起秦惠王的重视，秦惠王只是草草地看一下，就随便放到一边，不予理睬了。苏秦在秦国又待了一年多，依然没有得到重用。因此，他只好离开秦国回到家乡。

经过一路奔波后的苏秦终于回到了故乡，进了家门后，他觉得无脸见人，低着头不说话。他的妻子见他这样，叹了一口气，低头继续织布去了；嫂子看见他这副样子，也不想马上给他去做饭；父母见他这副样子，也不想与他说话。苏秦见家人都不理睬自己，知道是他们看不起自己了，心里非常难过。他觉得他们之所以看不起自己，是因为自己没有受到重用，而自己没有受到重用的原因是自己的学识还不够。于是下定决心好好学习，重新出发。

当天夜里，苏秦就把自己几十箱藏书找了出来，从此不分昼夜，刻苦攻读。有时候读着读着就在案头上睡着了。每次醒来时，苏秦都会十分懊悔，痛骂自己无用。可是一时也找不到合适的办法来制止自己打瞌睡。后来有一天，他读书时又开始打瞌睡了，不小心被书案上的一把锥子扎到了手臂，一阵刺痛使他一下子清醒过来。他看着锥子，突然想到了制止自己打瞌睡的好办法：用锥子扎自己的大腿。此后，每当他想打瞌睡的时候，他就拿起锥子扎自己的大腿。

经过这样一年多的学习之后，苏秦的学问深厚了很多，当他觉得自己有说服君王的本领后，他又离开了家乡，开始游说六国。这一次他终于得到了六国君主的信任和重用。有名的六国合纵共同抵抗秦国的政策就是他提出来的。

在中国历史上，像苏秦这样刻苦求学的人很多，孙敬就是其中一位，他的遭遇和苏秦还有些相似。

孙敬酷爱学习，但是开始的时候由于知识浅薄得不到重用，连家里人都看不起他，使他大受刺激，于是他下决心认真钻研，经常关起门，独自一人不停地读书。每天从早到晚读书，常常是废寝忘食。为了避免在深夜学习时产生疲倦，他想了一个办法：把头发结在绳子的一头，将另一头挂在屋梁上，每当打瞌睡时，就会因为扯痛头发而惊醒过来。日复一日，年复一年。孙敬由于把时间几乎都用在学习上，所以很少外出。当他偶尔到集市上去的时候，有的人就在他的背后指指点点地说："看哪，这就是'闭户先生'呀！"后来孙敬终于成了有名的政治家。

苏秦和孙敬勤学的故事一直被人传颂的，后来人们就用他们的故事来激励求学之人应该刻苦学习，悬梁刺股的故事也就一直流传了下来。

司马迁作《史记》

司马迁，字子长，是龙门（今陕西韩城县）人，他的祖先世世代代都担任史官。他的父亲司马谈很有学问，才识渊博，所以司马迁从小受到很好的教育。司马迁10岁的时候，汉武帝重新设置了史官。司马谈出任太史令。司马迁随父亲到了长安。

其父司马谈专管文史星历，熟悉历史，通晓先秦诸子学术，曾撰写了一部先秦到汉的著作，但是没有完成。司马迁韶继家学，博览群书，曾师从经学大师孔安国、董仲舒，年轻时就成了长安城的博学多才之人。

司马迁20岁时，在父亲的支持下，开始了历时约10年，行程不下万余里的全国大游历。他曾经到淮河、长江一带漫游，到现今浙江一带去探访传说中的"禹穴"，到现今湖南一带去考察和历史故事有关的遗迹，到河南、山东一带了解风土人情，观孔子遗风。他一边游览，一边采访，搜集了许多传说和资料，为他以后撰写《史记》，做了大量的准备工作。

公元前116年，游历归来的司马迁，被选入朝中做郎中令。司马迁刚从西南回来，司马谈就病逝了。他临终前郑重地对司马迁说："我一生总想写一部完整的史书，现在已经来不及了。你接任太史令以后，希望你能完成我的心愿。"司马迁流着眼泪，接受了父亲的遗命。公元前108年，在父亲去世后的第三年，司马迁被任命为太史令，借太史令之职，他开始博览皇家藏书，整理父亲遗稿和自己搜集的资料，为撰述作准备。直到公元前104年，司马迁44岁时，才开始动手写《史记》。可是，就在他动笔写这部大书不久，出了李陵案件。

李陵原和司马迁一起做郎中令，后升做骑都尉。公元前99年，李陵率兵攻打匈奴，开始时节节取胜，汉武帝听后大悦，大臣们也都上前祝贺皇帝用人得当。但是不久，在一次战役中李陵大败，被迫投降匈奴。汉武帝大怒，原来向皇帝祝贺的大臣，也都反过来责骂李陵。

司马迁对李陵的不幸，产生了很大的同情。当汉武帝询问司马迁对李陵的看法时，司马迁直言不讳地说："李陵带五千步兵，深入敌国，与强大的敌人作战，杀死敌人无数。敌将惊惶、害怕，于是调集全国骑兵来围攻李陵。李陵素日能与人同甘苦，共生死，一定是粮草断，无退路，不得已才投降了敌人，日后他一定会等待时机报效国家的。虽然暂时失败，但他的功劳天下人都知道，足以抵补他的过失了。"

司马迁原以为，这番话一定多少能减轻些李陵的罪名，却根本没有想到，汉武帝听了后，反而像火上浇油似的增加了怒气。汉武帝立刻露出了专制帝王"顺我者生，逆我者死"的面目，把司马迁投入了监狱。

汉武帝为了巩固他的统治地位，制定了苛刻的法律和酷毒的刑罚。司马迁在狱中受到残酷的折磨，手足都被套上了刑具，身体被绳子捆起来。为了逼他认罪，狱吏剥掉他的衣裤，用鞭子抽打他。在司马迁入狱的第二年，从匈奴那边又传来了消息，说投降后的李陵，在替匈奴训练军队，准备同汉军作战。后来才知道那个人叫李绪，是传消息的人传错了。可是汉武帝一听到这件事，马上把李陵的老母和妻子都杀害了。替李陵说情的司马迁，当然难逃罪责，被判处死刑。

汉朝的法律规定，要免除死罪，可以拿钱来赎买，或者接受腐刑。司马迁是一个清官，他出不起这么大的一笔钱，只好接受腐刑。腐刑也叫“宫刑”，即割掉男子的睾丸。这种刑罚不仅残酷，而且是对一个人人格的极大侮辱。司马迁本想不受这种刑罚，死掉算了。可是又觉得这样一死岂不轻于鸿毛，应当留着生命，去完成有意义的事业。他想起从前周文王被关押在牢房里，受尽折磨，还写了部《周易》；孔子周游列国时被困在陈蔡，后来写了部《春秋》；屈原遭到放逐创作了《离骚》；左丘明眼睛瞎了，还写了部《国语》；孙膑的膝盖骨被挖掉，写了部《孙膑兵法》。这些不朽的著作，都是作者遭受不幸，在艰难困苦中完成的。于是，他以这些人为榜样，来勉励自己，继续进行艰苦的创作。

司马迁的生活体验，经过这次案件也变得更加深刻丰富了。尤其是他亲身感受到了当时社会人情的虚伪与冷酷，因此他看透了封建社会人与人之间残忍的利害关系。他在《史记》中着力描写了友谊的高贵，也深刻地刻画了世态的炎凉。

公元前91年，一部伟大的历史著作——《史记》产生了。书名原叫《太史公传》，后人简称为《史记》。这部著作包括12篇《本记》、10篇《年表》、8篇《书志》、30篇《世家》、70篇《列传》，共130篇，52.65万字，除正本外，他还抄录了一个副本。这部著作，从司马迁20岁开始收集资料算起到完成写作，实足花费了他40年的时间。可以说，司马迁把他的全部生命都奉献给了这部著作。

《史记》第一次采用了纪传体体裁，对古代著名人物的事迹作了详细地描述。他对处于社会底层被压迫的人物表示同情，描绘了他们的聪明才智和勇敢。他还给了农民起义领袖陈胜和吴广高度的评价。对于汉武帝也并不避讳，对他的好大喜功给予了客观的批评。

《史记》叙事生动，人物栩栩如生，呼之欲出，文笔优美，被后人誉为

“史家之绝唱，无韵之《离骚》”，在中国历史上享有很高的地位。而司马迁在极度困难下仍然自强不息，成了后人学习的典范。

囊萤映雪为读书

囊萤映雪讲的是东晋人车胤与孙康在艰难困苦的环境中努力求学的故事。

车胤，字武子，晋南平（今湖北公安）人。车胤从小就很喜欢学习，但是因为家境贫寒，家里无法给他提供一个良好的学习环境。车胤白天要干活，没什么时间读书；到了晚上，因为天都黑了，而且家里也没有多余的钱买灯油让他点灯看书。

有一个夏天的晚上，车胤正在院子里背诵一篇文章，忽然他看见有许多萤火虫在低空中飞舞，一闪一闪的光点，在黑暗中显得有些耀眼。他想，如果把许多萤火虫集中在一起，不就成为一盏灯了吗？于是，车胤便找了一个白绢口袋，然后抓了几十只萤火虫放在里面，再扎住袋口，把它吊起来。虽然不怎么明亮，但可勉强用来看书了。从此，只要有萤火虫，他就去抓一把来当做灯用。后来成为博学多能的人。

长大后，车胤苦读和有才学的名声被人知道了，恒温很欣赏他，就召他为从事，对他非常器重，一直提拔他。因为当时人们都知道他很博学，因此，恒温每次举行盛大的宴会，就一定会邀车胤出席。后来车胤当上了国子监博士。有一天，朝中在商量建庙堂的事情，大家各说各的，意见一直不能统一。这时候，车胤就发表了自己的意见，他说：“明堂的制度难以详尽，况且音乐表达平和，礼仪表示敬意，因此内容和文采不同，声音和器具也不同，既然茅舍和大厦不能统一规格，何必死守它的形式规格，而不顺应时代大势。”大家听他这么一说，觉得有理，都表示赞同他的意见。因为车胤总是非常有见解，而且提出的建议也非常有建设性，所以朝中很多大臣有事都找他商议，皇帝也常常问他国事。

400 年，车胤被提升为吏部尚书。因其为人正直，不趋附于当权的会稽王司马荀子、司马元父子，后被迫自杀。他死后，举国的人民都为他哀悼，而且他聚萤夜读的精神，也一直被后人称颂。

孙康，晋代京兆（今河南洛阳）人，他与车胤是同时代的人。孙康小时候家里的境况也和车胤非常相似。他也是因为家里没有钱买灯油，晚上只能早早地睡觉。虽然他觉得这样白白浪费时间，非常可惜，不过他也没有办法。

在一年寒冬的夜里，孙康从睡梦中醒来，把头侧向窗户时，发现窗缝里透进一丝光亮。原来，那是月光照在厚厚的积雪上反射出来的光芒。孙康发现他可以在这些亮光中学习。于是，他立刻穿好衣服，取出书本，走出房间，在雪地里看书。虽然，严寒的冬天屋外十分寒冷，但是，他一点都不退缩。要是手脚冻僵了，他就起身跑一跑，同时搓搓手指。此后，每逢有月光和积雪的时候，就是他夜里起来看书的时候。

从此孙康不再为没有灯油而发愁。整个冬天，他夜以继日地读书，不怕寒冷，也不感到疲倦，常常一直读到鸡叫。即使是北风呼号，滴水成冰的天气，他也从来没中断学习。功夫不负有心人，孙康砥砺求进，终于学有所成，成了一名颇富名望的饱学之士。后来他还入朝为官，官至御史大夫。

从此以后，车胤囊萤读书和孙康映雪读书的故事，也就成了刻苦学习的典范，一直被后人传颂着。

燃糠读书后人学

顾欢，字景怡，吴郡盐官人，南朝时著名道教学者。

顾家世代务农，顾欢小的时候非常好学，乡间有个学舍，顾欢交不起学费，不能入学，就在墙外偷听，跟着人家念，由于他专心，听过的也就全记住了。他八岁的时候，就能背诵《孝经》《诗》《论语》。有一次他的父亲叫他去田里赶鸟雀，他一心想着念书，作了一首《黄雀赋》，稻子却让鸟雀吃了许多。回到家里，父亲要责打他，他说作了赋。父亲知道他不是贪玩，也就原谅了他。

等到长大了，顾欢就更加专心致志地读书了。母亲年纪大了，顾欢一边亲自种地，一边背书，晚上要是有松明照明读书自然是好，要是没有，他就把糠点燃，照亮看书。同郡顾恺之来到县里，见到他（如此勤学）感到惊异，让自己的几个儿子与他一起交游，到了孙宪之处，顾欢和他们一起接受教育。后来他还跟随豫章雷次宗学习玄学和儒学。

顾欢二十几岁的时候，他的母亲去世了，他因此好几天滴水不进，接着在母亲的墓旁盖了一间茅草屋子，一直生活在那里。南齐朝廷招他做官，他不从命。晚年遵从道教，研究儒学、佛学、道学三者的关系，著有《文议》《三名论》，为学者传诵。

顾欢的一生可能没有给后人留下多少可歌可泣的故事，然而他的求学精神却值得人们学习。

吹火读书爱学习

苏颋，字廷硕，京兆武功（今陕西武功）人，唐朝大臣、文学家。

苏颋生在一个富贵家庭，他的父亲是朝中大员，官至尚书右仆射，按理说苏颋应该从小就得到良好的家庭教育了，然而事情并非如此。苏颋本人从小就热爱学习，而且天资聪明，千余字的文章读过一遍，就能背诵出来，然而他却很讨厌繁缛礼俗，因此不得其父喜欢。有时候，他的父亲甚至赶他到马棚里去，让他和马夫们住在一起。

马棚里的生活条件非常差，除了几张木板床，一张破桌子以外，再没有其他的家具了，而且马棚到了晚上也没有灯烛，这对热爱读书的苏颋来说是非常不适宜居住的。于是，几个年长的马夫，就劝苏颋听从其父的教诲，回到他自己的房间去睡，那的条件要好得多，可是苏颋却说：“在这里，我如鱼得水，舒畅欢快，如出了笼子的小鸟，正可享受自由的天地，为什么还要飞进笼子呢？环境困苦，正可以锻炼人的意志；优越的条件，倒常常让人消磨志气。”于是他坚持不肯搬出马棚，而是继续在那住着。

马棚里虽然没有灯烛，却有个马夫们做饭用的灶房，灶房的灶膛内总会留些炭火，这就是苏颋夜读时的光源。于是，他白天就在马棚里简陋的破桌边读书写字，晚上当马夫们辛苦了一天，渐渐睡去后，他就一个人跑到灶房里，坐在炉灶旁，就着炉火中剩余柴火的光读书。炉膛的火常被灰盖住，他就不时地用嘴吹气，使火燃烧得旺一点。就这样他每晚都到灶房里看书，直到炉膛里的火全部熄灭，才停止读书回去休息。

在这样的刻苦学习之下，苏颋进步得很快，他很年轻的时候学识就很丰富了，年仅20岁就中了进士。苏颋中进士后，不久就担任专为皇帝起草文诰的中书舍人一职，他的上司中书令李矫感叹地说："苏颋文思如泉涌，我是比不过他的。"张九龄对他的文章也是赞叹不已，还称他是文坛上的"雄帅"。唐玄宗也非常欣赏他的文字，因此对他非常照顾。有一年中秋之夜，苏颋在宫中值班，恰逢唐玄宗赐宴诸学士赏月。苏颋见那夜月明，便说道："月光可爱，何必再点灯蜡。"玄宗听了，立刻下命撤灯蜡。后来苏颋当了宰相，与名相宋璟一起管理朝中的大小事务。两人虽然相投，但是脾气却不太一样，宋璟为人刚直，遇事果敢裁决，往往不和苏颋商议。苏颋没有因此而为难宋璟，而是时常帮助他——有时候宋璟在宋玄宗面前奏事，被玄宗问得答不出来时，苏颋便会帮助宋璟回答。宋璟因此非常感激他，说他是"尽公不顾私"。

得心应手画虎绝

厉归真，五代人，擅画走兽和禽鸟，画虎的技艺更是令人叫绝。

厉归真自幼酷爱绘画，由于自小生长在农村，经常接触许多牛，对牛的形态习性有很深的了解，所以把牛画得非常生动逼真，深受人们称赞。后来厉归真想要学画虎，但是他又没有见过真的老虎，于是他只好临摹他人画的虎作品，求教于当时的擅画虎之人。

刚开始的时候，大家看了厉归真画的老虎，都说他画得不像老虎，有的人说那是条狗，有的人说那是一只死老虎。厉归真听了以后非常难过，更加用心画画，不过因为他没有见过真的老虎，因此画出来的老虎，都没有“虎味”。

有一天，厉归真听说邻村有人捉到一只老虎，就立即跑去仔细观察了整整一天。回到家后，他就按照白天的观察，画了一幅他自认为是最好的老虎图。然后，他将此图拿给那猎户看，没想到那猎户只看了一眼，便说：“虎气不足，猫气却多!”厉归真觉得猎人说得有道理，自己确实没见过山中的老虎。

为了能画好老虎，厉归真决定亲自观察一下山中的老虎。于是，厉归真带上干粮和纸笔，跑到深山老林里，找到老虎经常出没的地方，等着猛虎出现。可是他一连跑了好些天，连老虎影子也没有见到。后来有猎户告诉他，老虎习惯白天伏在密林中休息，只有晚上才出来捕食。听人这么一说，厉归便在林中找了一棵较大的树，在大树顶上搭了一个棚子。棚子搭好以后，他就整天藏在棚子里，等待太阳落山后，观察老虎出没情形。

一天夜里，山林寂静，突然厉归真听到一声巨吼，吼声震得山摇地动。原来是一只斑斓猛虎正在捕食猎物呢，伴随着那声吼叫，老虎猛然腾跃而起，直扑猎物，死死咬住对方的咽喉。猎物挣扎着，而老虎则用自己的爪子狠狠地抓住它，不让他逃走。厉归真看到这一切，不禁失声叫道：“妙啊！这才是真正的虎气!”不料老虎听到人声，丢下猎物，一步步逼近厉归真所在的那棵大树，不一会儿就到了树下，接着一跃而起，竟把棚子撞散了架。幸亏厉归真早已爬到更高的树枝上。双方对峙了一段时间后，老虎无可奈何地叼起山羊走了。厉归真惊魂稍定，感慨道：“山中老虎不同于笼中虎；发怒的虎也不同于安静的虎呀!”以后，他又认真地观察了老虎的各种形态和习性——怎么跑，怎么跳，怎么卧，怎么发怒，怎么捕捉小动物，都一一画了下来。过了很长一段时间后，厉归真画了大量的草图，才离开深山密林。

从深山回来后，厉归真提笔画虎，能够得心应手了。为了更深入地体会老虎的神情，厉归真还向猎人买了一张虎皮，在画虎前便将虎皮披在自己身上，模仿老虎种种动作，在家里跳跳扑扑，仔细琢磨老虎神态特征，细心揣摩老虎的各种动作。

通过一段艰苦深入老虎生活的观察体会和刻苦练习后，厉归真画虎的技艺大有长进，画出来的老虎无不栩栩如生，昔日认为厉归真画的是死虎的人们，已转为刮目相待，个个都夸赞他画得好，就像真的一样。

藏名拜师学技艺

钟隐，字晦叔，五代南唐时期天台（今浙江天台）人，因其隐居于钟山，因此人们就用钟隐这个名字来称呼他。

钟隐年少的时候，就喜欢清静，不喜欢和人交往，不追名逐利，不理世俗之事。他唯一喜欢的事情就是画画，他很喜欢画花草鸟兽，常常画画自娱。当时他的画很受人家的称道，人称他“凡举笔写像必致精绝”，他画的鸟类，不管是鹞子、白头翁、鹖鸟，还是斑鸠，无不栩栩如生，而他画的草木更是精妙绝伦。虽然别人对他是赞誉有加，然而钟隐却认为自己的画不够好，始终对自己的画不满意。他觉得自己可以更上一层楼，但是身边又没有可以指点他的人。钟隐故此烦恼了很久。

后来钟隐听说郭乾晖画山水鸟兽特别有名，于是想拜他为师。但是他同时也得知郭乾晖很保守，从不轻易收徒，更不会把笔墨技法传授给别人。钟隐为此更加烦恼，之前烦恼是找不到可以教自己的人，而如今找到了，可是却无法向他讨教，这可真是急人哪。不过事有凑巧，正当钟隐不知道怎么怎么接近郭乾晖的时候，他突然听说郭家要请佣人。钟隐认为这是天赐良机，一定要好好把握，于是他就藏起自己的真名，用了一个假名字，进了郭府当了一名佣人。

进了郭家以后，钟隐恭恭敬敬地侍候主人，端水送饭，磨墨洗笔，样样都干。一有机会，就偷偷地观看郭乾晖作画，将技法默默地记在心里。就这样钟隐在郭家待了好几个月，而郭乾晖居然没有发现一点破绽，一直不知道他就是钟隐。郭乾晖见新招的“仆人”干活勤快，为人厚道，因此很喜欢他，有时作画就让他在一旁伺候着，画到兴奋时，还随口讲授作画的诀窍。钟隐在旁，一句一句牢记在心。

就这样，钟隐在郭府待了也有一段时间了，由于无人怀疑自己的身份，因此钟隐渐渐地就忘了要注意自己的一言一行。有一天，他心血来潮，就在墙壁上画了一对鹞子。郭家的仆人看到了，就去告诉了郭乾晖这件事情，郭乾晖跑去一看，发现作画之人画画的造诣不浅，不在自己之下，非常惊讶。然后他便问钟隐说："你就是钟隐吧?"钟隐知道自己不能再隐瞒下去了，于是承认了自己身份，重新给郭乾晖行礼，并表明了自己此行的目的。

郭乾晖知道钟隐为学画隐姓埋名来自己家里当自己的佣人，深受感动，于是便对钟隐说："你为了学画，竟然来给我当仆人，太使我过意不去了。能像你这样苦心学画的，实在不多见，我还有什么理由不收下你呢?虽然我没有什么了不起的技艺，但乐意把它传授给你。"钟隐听了十分高兴，于是立即行礼拜师。

从此以后，钟隐十分珍惜这难得的学习机会，更加努力。经过一段时间的学习揣摩，钟隐不但继承了郭乾晖的绘画技艺，还有所发展，有所创造，终于成了南唐著名的花鸟画画家。

文武双全面涅将军

狄青，字汉臣，汾州西河（山西汾阳）人，北宋大将。狄青出身贫寒，16 岁时，因其兄与乡人斗殴，狄青代兄受过，被"逮罪人京，窜名赤籍"，开始他的军旅生涯。宋时为防士兵开小差，在他们面上刺字，称为"面涅"，狄青就被刺了这样的字，故此后人称他为面涅将军。

狄青早年是京城禁军的一个普通士兵，但他善骑射，力壮胆大，被选拔为小军官。宋仁宗宝元元年（1038 年），党项族首领李元昊在西北称帝，建立西夏。仁宗宝元年间，宋、夏关系紧张，禁军外派戍边，狄青亦在其列，被派到陕西保安。

保安宋军和西夏军队交战时，大部分都吃了败仗，因此宋军士兵一听说要和西夏兵打仗就非常害怕。保安的守将对此束手无策，因此整天发愁。狄青了解了这一情况，主动要求担任先锋。守将听他这么一说，非常高兴，因为有人带动士气，实在是一件大好的事情。于是他就调拨了一支人马，让狄青带着这队人前去与西夏交战。为了鼓舞士气，消除士兵对敌人的畏惧心理，狄青带头冲入敌阵，左右挑杀、锐不可当。宋兵见狄青如此，精神为之振奋，跟着狄青呐喊着向前冲去，斩杀敌军。西夏军在保安还从未见到如此勇武的兵将，未经历这种场面，顿时惊慌失措，失了阵脚，宋兵趁此机会一阵斩杀。结果，这一战取得了胜利，宋军军营顿时一片欢腾。

宋军守将一面褒奖狄青等人，一面向朝廷奏报了此次胜利，并且提到狄青英勇带头冲锋。得到这个消息后，宋仁宗非常高兴，奖赏了各个功臣，狄青更是因此连升四级。以后的每次战斗，狄青依然身先士卒，率领士兵夺关斩将，先后攻克金汤城，宥州等地，烧毁西夏粮草数万，并指挥士兵在战略要地桥子谷修城，筑招安、丰林、新寨、大郎诸堡。后来，在安远（今甘肃通谓）之战中，狄青身负重伤，闻西夏犯边，马上飞马迎敌。就这样，狄青带着铜面具，四年时间里参加了大小 25 次战斗，8 次中箭，但都得胜而归，令西夏兵闻其名不寒而栗，不敢与之对阵。狄青还在边境要冲修城建堡，以固防安民。

之后，经尹洙的推荐，更由于他的出色表现，狄青得到了陕西经略使韩琦、范仲淹的赏识。范仲淹还劝他多读书长见识，教授他学习《左氏春秋》，并对他说："将不知古今，匹夫勇尔。"听完范仲淹的话后，狄青便开始努力学习，发愤读书，孰谙名家兵法，加之战功卓著，官职频升，历秦州（今甘肃天水）刺使，泾原路（今甘肃平凉）副都总管、经略招讨副使，步、马副都指挥使。

因在京任职，仁宗觉得大将脸上有士兵标记（"面涅"）有损体面，就让狄青敷上药物把脸上的符号除掉。而狄青却不在意，反而认为，士兵们看见皇帝不以出身低微而相轻，而是论功行赏，选贤任能，就会积极上进，更为国效力。所以脸上的字有利于鼓舞士气，调动积极性。仁宗听了，更加赞赏他。狄青就是这样，不以士兵为耻，不居功自傲，而是与士卒同甘共苦，功劳赏赐亦与部卒分享，正部伍、明赏罚，故而指挥作战得心应手，常操胜券。

皇佑四年（1052 年），狄青被授予枢密副使一职，就在这一年广西少数民族首领侬智高起兵反宋，自称仁惠皇帝，他们从广西开始，一路攻城略地，一直打到广东。当时宋朝统治者非常恐惧，几次派兵征讨，均损兵折将，大败而归。就在大家惶然无措之际，狄青向仁宗自动请缨，前去平乱。宋仁宗十分高兴，亲自在垂拱殿为狄青设宴饯行。

狄青未到之前，平乱的宋军连吃败阵，军心动摇，而有些将领还怕狄青来了之后会抢功劳，因此不听调动，擅自出兵，结果大败而归。狄青到后，鼓舞士气，并严肃军纪，处死了陈曙等不听号令之人，使军威大振。接着狄青命令部队按兵不动，还从各地调拨、屯集了大批的粮草，让侬智高认为自己准备长时间在那里耗下去，迷惑对方。侬智高果然中计，放松了警惕，狄青便趁此机会发起进攻，俘获侬智高的主将57人，侬智高本人则逃往云南大理，最后死在那里。

班师还朝以后，论功行赏，狄青被任命为枢密使同平章事，地位显赫，引起一些人的非议，他们认为士卒出身的人不应该提拔到这么高的位置上，这种事情在宋朝历史上还从来未有过。后来，狄青终于被排挤去职。四年之后，狄青被罢官，离开了京师，到了陈州，每隔半个月，就会有朝廷派来监视的人前来“慰问”他。半年之后，被朝廷的监视和谣言折磨得惶惶不安的狄青，抑郁而终，年仅49岁。

狄青由一个面涅士卒升为朝廷掌管全国最高的军事长官，完全是由于他个人的胆略才干，早年得到提升是因为他勇敢不怕死，后来他接受了范仲淹的教诲，认真研读兵法、史书，终于成了一个文武双全之人。同时由于他能跟士兵同甘共苦，得到了大家的认同。难怪不管怎样难打的仗，他都可以取胜。虽然后来他受到了别有用心之人的排挤，遭受到了不公正的待遇，但是，后人记住了他。

程门立雪为求教

杨时，字中立，原字行可，后因犯友人父讳，改为中立，宋朝著名的学者。

杨时幼时就聪明异常，读书悟性极佳，并且能写文章，稍微长大一些的时候，开始读经史，23岁的时候就中了进士，第二年朝廷封他为汀州司户参军。但是他想继续学习，不愿做官，于是他便假称自己有病在身，没有去赴任。

当时河南颍昌有一个非常出名的学者叫程颢，杨时为了能得到他的教诲，于29岁那年到了河南颍昌，并如愿拜在程颢门下。杨时聪明且好学，得到了程颢的赞赏，程颢更是用心教育他。当时他和游酢、伊熔、谢良佐被称为“程门四大弟子”。后来，杨时学成回家之时，程颢目送他远去，感慨地说：“吾道南矣。”几年后，程颢去世，杨时非常难过。

程颢去世后，杨时又一次北上求学，这一次他拜在了程颢之弟程颐的门下。这时候，他已经40岁了，不过对老师还是那么谦虚、恭敬。

有一天，天空浓云密布，眼看一场大雪就要到来。午饭后，杨时为了找老师请教一个问题，约了同学游酢一起去程颐家里。到了程颐家后，他们看见程颐正在打瞌睡，不忍惊动，便静静地站在门廊下等候。这时候天空已经开始飘起雪花了，渐渐的雪越下越大，不一会儿到处都被白色的雪给覆盖了。可是他们两人依然站在门廊下，一动不动，虽然雪花在空中飞舞，凛冽的寒风冻得他们浑身发抖，他们仍旧站在门外等着。过了好长时间，程颐醒过来了，这才知道杨时和游酢在门外雪地里已经等了好久，便赶快叫他们进来。这时候，门外的雪，已经积得有一尺多深了。

杨时这种尊敬老师的优良品德，一直受到人们的称赞。正由于他能够尊敬师长，虚心向老师求教，学业才进步很快，后来终于成为一位全国知名的学者。来向他求教的人，都不远千里地来拜他为老师，大家尊称他为“龟山先生”。

佛灯读书好勤学

王冕，字元章，号竹斋，元诸暨枫桥人。他是元末著名的学者、诗人及画家。他的诗大都充满了反抗精神，揭露了当时的民族矛盾和阶级矛盾，表现了对祖国命运和对劳动人民灾难的深切关怀。他还善于画荷花和梅花。

王冕自幼好学，无奈家中贫困无法入学，于是他便想方设法学习。有一次，他的父亲叫他去山上放牛，他把牛牵出去后，就放任牛自己在野外，而自己却跑到村子里学堂外的墙角里蹲着，偷听学堂中学生读书。他很聪明，听到的东西都默默记着，准备晚上回家的时候，自己复习。到了一天结束，学堂放学后，他才回家，却将放牛之事忘记了。他的父亲看他把牛丢了，非常生气，就狠狠地打了他一顿。可是他并没有因为这样而“学乖”，过后他依然去学校外偷听。

王冕的母亲知道儿子喜欢学习，就对丈夫说：“既然孩子如此爱读书，不如就由着他，让他去学习吧。”王冕的父亲觉得妻子的话有道理，从此以后就不让他去放牛了，让他专心读书。王冕因此离开了家，寄住在一家寺庙，到了晚上的时候，他就坐在菩萨的膝上，借长明灯读书认字。那里的佛像都是泥塑的，面貌可怕，到了晚上无人之时，在昏暗的灯光下更显得恐怖，而年少的王冕却一点也不害怕。

后来会稽人韩性知道了王冕好学的事情，就收他为自己的学生，教授他知识。他北上燕京游学之后，返家隐居九里山，种梅千株，自称梅花屋主，以卖画为生。曾有多人都想举荐他为官都被他拒绝了。虽然他的满腹学问没有用在治国之上，可是他却给世人留下了很多美好的东西，比如勤学，比如不肯向世俗低头的志气。

雪中求师不气馁

宋濂，字景濂，浦江（今浙江义乌）人，明初文学家。宋濂与刘基、高启并列为明初诗文三大家。明朝立国，朝廷礼乐制度多为宋濂所制定，朱元璋称他为“开国文臣之首”，刘基赞许他“当今文章第一”，四方学者称他为“太史公”。

宋濂年幼时就非常热爱学习，但因家中贫穷，无钱买书来看，因此只好向有藏书的人家借书来看。要是人家同意将书借给他，他就高高兴兴地和人家约好还书的日期，然后将书带回家中，一边看一边抄录。等到了归还的日子，他就将书还给人家。到了冬天天气寒冷的时候，砚池中的水都冻成了坚冰，手指也冻得不能屈伸，宋濂仍不懈怠，依然加紧抄录书文。等到将书抄录完了以后，他便立即将书还给人家。因为他从来都会在约定的日子还书，而且小心翼翼地保护好书，因此很多人都愿意将书借给他看，宋濂因而得以看遍许多书籍。

到了成年的时候，宋濂更加仰慕圣贤的学说，为了能与学识渊博的老师和名人交游，他常跑到百里之外，手拿经书向当地有道德有学问的前辈求教，拜对方为师。由于他所拜的老师德高望重，名气很大，因此有很多人都拜在他的门下，而他的言辞和态度从未稍有委婉。宋濂常站在老师的身旁陪侍，遇到疑难问题便向老师求教，有了不明白的道理也会咨询老师，态度谦逊而又诚恳。有时候，老师会生气不回答他的问题，有时候还责骂他，但是宋濂却没有因此而离去，反而对老师更加恭敬，小心地伺候着老师，一言不发。等到老师高兴的时候，他又恭敬地向老师提出问题，因此长久下来宋濂也就获益不少了。

其实宋濂寻师和拜师的过程是非常艰苦的，他曾经背着书箱，拖着鞋子，行走在深山大谷之中，去拜访老师。当时正是严冬，寒风凛冽，大雪深达几尺，脚都被冻裂了。到了他要找寻的学舍后，他的身体都被冻僵了，四肢也动弹不得。学舍的人用热水给他洗脚，用被子给他捂暖，渐渐地，他才恢复了知觉。当时和他同在一个学舍学习的都是一些有钱人家子弟，吃的是山珍海味，穿的是锦衣华服，而宋濂每天只能吃两顿饭，穿着破旧的衣袍处于他们之间。但是，他却毫无羡慕的念头，因为在他心中能够拜有学问的老师学习，能够增长自己的见闻是最好的事情了。

还有一次宋濂为了搞清楚一个问题，冒雪行走数十里，去请教已经不收学生的老师，但老师并不在家。宋濂并不气馁，而是在几天后再次拜访老师，但老师并没有接见他。因为天冷，宋濂和同伴都被冻得够呛，宋濂的脚趾都被冻伤了。当宋濂第三次独自拜访的时候，掉入了雪坑中，幸被人救起。当宋濂几乎晕倒在老师家门口的时候，老师被他的诚心所感动，耐心解答了宋濂的问题。

不管什么时候，宋濂都要读书，由于自身的努力，他终于学得丰富的知识。元朝末年，元顺帝曾召他为翰林院编修，他以奉养父母为由，辞不应召，修道著书，到了明朝建立时，他才到了朝廷做官。辞官后，因其长孙牵连到胡惟庸案中，因此全家被流放到茂州（今四川省茂汶羌族自治县），而他则死于途中。

王命岳苦读成大器

王命岳，字伯咨，福建晋安人，明末清初人。

王命岳年少时，家庭贫困，一家三代共有10口人，因祖父年迈，父亲身体不好，兄弟姐妹们又年少，所以王命岳一家的生计就全靠他的母亲。当时妇女赚钱养家也实在是不容易，王命岳的母亲常常要一大早起床，照顾一家人的生活起居，然后做针线活养家，每天要做到鸡鸣时才去休息，即使这样，也无法解决全家的温饱问题，王命岳兄弟姐妹们也是常常有了上顿就没有下顿。不过，王命岳并未因此就向命运屈服，在母亲的支持下，他依然艰难求学，并于19岁时考中秀才。

考中秀才后，王命岳开始谋生。开始时他给一位朋友做伴读，虽然作陪读的报酬只是每天一餐午饭，但是王命岳还是答应了。他想，至少人家提供一餐饭，这样可以给家里减少一些负担，而且这样对自己的学业也没有什么影响，于是他就安心地在朋友家做着伴读。

王命岳22岁时，有位朋友请他辅导孩子读书，办法是书由朋友自己教，王命岳只是给那个学童看看文章。开始朋友讲的工价是每月给三斗米，三钱银子作为蔬菜钱。虽然报酬微少，但王命岳核算后觉得合得来，主人家要是来了客人肯定会留他做陪客；有好友请吃饭，学友们组织的读书社集会时也有饭吃，这样一个月大约要白吃十天，自己开伙只有20天。到最后，可以节约大概一斗米，可以补给家用。有这份进项总比没有好，他就答应了。可是没有等到他去做事，那位朋友变卦了，表示愿意供给他伙食，不再给银子和大米。王命岳本想反对，但是由于人家不答应，王命岳无奈，只好答应了主人家的要求。在他给主人家孩子看文章的这段时间里，主人家给他送的好饭好菜，或是朋友给他送吃的，他都会悄悄留着拿回家，给家中的长辈们享用，自己却饿着。有时主人家请他一块吃好饭，他想起家中的祖父和父母此时正吃着糠菜当粮的饭食时，难过得无法下咽，索性装病，也不吃饭了。

为了多挣钱，除辅导学童外，王命岳还日夜给人家抄写，一天可以得微薄收入，接济家用。王命岳生活虽然困苦，可是求学之心依然非常坚定。他本想早日考取功名，不过在他二十几岁的时候，其家中的祖父、父亲和母亲相继去世，使得他不能参加科考，直到31岁的时候才中了举人，后来又考中进士，做给事中。

王命岳在工科任职期间，针对当时因养兵过多造成国家财政困难的现状，上疏顺治帝，建议清廷仿效明代屯田之法，实行“就兵生饷”，令各省驻防兵分地耕种，让他们自己种植粮食养活自己。不过这个主张没有得到实施，原因是当时全国各省督抚的意见不一。

当时清世祖对贪官污吏是恨之入骨的，因此对贪污官吏的刑罚非常严厉——规定凡贪污赃银10两以上的籍没家产。王命岳认为此举不当，他认为严厉的刑罚并不能纠贪赃之风，而是要注意举报，清世祖接受了他的建议。

后来吴三桂被清兵所败，逃亡出境，但云南局势犹未稳定，大量土地抛荒，物价飞涨，每年军饷浩大。为此，命岳疏请朝廷拨款，发给当地军民资金，买牛办种，修复旧屯，以节省军饷，增加收入。清世祖也采纳其议。

王命岳在京任职时，有一个军官强买良家女，准备送给一个姓王的主帅，却误送到命岳住所。命岳询得实情，为此女赎身并送还其家。出使广东时，顺道拜访学者颜茂猷故居，正好碰到颜茂猷的侄儿因欠当地营兵的债务，被逼嫁其女抵债，命岳不惜倾囊为其还债赎女。户部侍郎、著名学者周亮工素知命岳节操，赠诗云：“生平动念皆君国，半夜焚香听鬼神。”

卖桥教子心良苦

韩城县南门外有一条河，名叫澽水。澽水河上建有一桥，名叫毓秀桥，该桥南北走向，桥体全部用花岗石条砌筑，共有10个拱形桥孔，桥身全长180米，桥面宽4.5米。拱桥两侧各有99个石栏柱，柱顶刻瓜果形，栏板为石质。每个桥孔的正中各有一石雕龙头，雕刻精美生动。桥建于清康熙四十一年（1702 年），由邑人刘荫枢（曾任云贵两省巡抚）捐资修建，历时五年而竣工。

刘荫枢，字相斗，别字乔南，晚自号秉烛子。刘荫枢的祖父曾是明朝官员，家中也比较富裕。到了刘荫枢这一代，家道还是不错，后来刘荫枢还做了官，官至巡抚。康熙年间八十多岁的刘荫枢告老还乡。一日他进城的时候，发现城南澽水挡路，行人来往十分不便，决心在澽水河上造一座桥。回家后，刘荫枢便将自己的想法告诉了子女，但是他的子女却坚决反对他的意见，他们对父亲说："您当了一辈子高官，我们却没沾到一点光，好容易盼到您回家，你却如此不顾我们，不给我们留一点积蓄，却想用您所有的积蓄来建桥。这建桥不是我们一家的事情，是整个韩城人的事，凭什么就得您出钱建桥呢？"

听完子女们的话后，刘荫枢很伤心，他觉得自己虽然一身清白，但忽视了对子女的教育。于是，他用尽积蓄，历时五年，修成大桥，取名"毓秀桥"，当地人也叫它南桥。桥修好后，他对子女说："我之所以用全部积蓄修桥，就想用事实告诉你们，自己的路自己走，自己的生活自己创，靠天、靠地、不如靠自己。"故事到这里本该结束了，可是他又担心等自己死了以后，子女们以他建桥为由，收过桥人钱财，横行乡里。于是他就想了一个办法。

第二天中午，韩城知县接到刘荫枢送来的帖子，不敢怠慢，连忙坐着轿子赶到了刘荫枢家里。知县到了刘家后，发现刘家聚集了不少人。等知县坐下后，刘荫枢对知县说："今日，我请大人前来，有一事商量。我想把南桥卖给韩城县。"然后指着厅中其他的一众人等说："我是真心实意地想将桥卖给韩城县，他们各位都是我请来作为见证的。"

知县一听吓了一跳，心想这老太爷莫不是找我开玩笑吧，建这桥可花了不少钱哪，如今县里哪里拿得出那么多钱呢。于是他便对刘荫枢作了一个揖说："刘老，如今我们县库空虚，想来大人也是知道的，我如何筹措这一笔巨款哪！"

刘荫枢摇摇头："不多，不多，莫说县库能拿得出，就是大人你也是出得起的。"说毕伸出 3 个手指头，"只要这个数！"

知县看到刘荫枢伸出 3 个手指头，以为他要的是 3 万两白银，顿时慌了。他对刘荫枢说："刘老，您莫要见笑，3万两银子，本县真的是拿不出呀。这桥……"

刘荫枢一听，哈哈大笑，知县此时更是面红耳赤的，而旁边的人也不知道刘荫枢葫芦里卖的是什么药。刘荫枢说："不是3万两，不要说我知道县库拿不出这么多银两，就是知道你们拿得出来，我也不会要的。"

知县又问："3000两？"

刘荫枢笑着继续摇了摇头，说："不是。"

"那么是300两？"，知县虽然知道说出这个数目有些不好意思，不过还是不太敢相信地问了刘荫枢。

"3两！"刘荫枢干脆说出自己要的数目。

"什么？3两这也太……"厅堂上大家议论纷纷，不知道是不是自己听错了。

"没错，就是3两。"刘荫枢斩钉截铁地说道，接着他让人取出早已写好的契约，递给知县。契约书上写着，刘荫枢将毓秀桥卖给韩县，从此以后毓秀桥就是韩县的了，与刘家毫无瓜葛。契约书上盖着刘荫枢印章和手印。在乡人的见证下，知县和刘荫枢立好了契约。之后刘荫枢对大家说："我请大家来做个见证，这石桥从今日起属韩城县。我既然当了卖主，得了银子，以后也就请大家不要再提起我了！"

刘荫枢为了彻底消除孩子们依赖父母的心理，把桥卖给了官府，用自己一生的积蓄花来教育自己的孩子，可谓用心良苦。他的子女在他的教育下，也明白了父亲的良苦用意，从此不再事事都依靠父亲，而是自己认真争取，后来都取得了不小的成就。

一定要为中国人争气

童第周，1902年5月28日出生于浙江鄞县（今浙江省宁波市鄞州区），我国著名的生物学家、优秀的教育家。

童第周出生在浙江省鄞县的一个贫困家庭，没有钱进学校读书，只能在家里边做些农活，边跟父亲学点文化。童第周的父亲是个私塾先生，生活虽然穷困，但是他一直鼓励童第周要努力学习，而且还告诉他学习贵在持之以恒，因此写了“水滴石穿”四个字，挂在童第周的书桌旁，勉励他好好学习，希望他将来有出息。童第周一直按照父亲的教育刻苦学习。

童第周17岁那年，在哥哥的帮助下，进了宁波师范预科班学习。但是，他文化基础差，学习很吃力，第一学期期末考试，平均成绩为45分。校长要他退学或降级，经他再三请求，才勉强同意他跟班读一个学期。

第二学期开学后，童第周发愤学习。每天天没亮，他就悄悄起床，在校园的路灯下读外语。夜里同学们都睡了，他又到路灯下面去学习。值班教师发现了，关上路灯，叫他进屋睡觉，他趁教师不注意，又溜到厕所外边的路灯下面去看书。经过半年的努力，他的功课终于赶上来了，各科成绩都不错，数学还考了100分。童第周看着成绩单，心想：“一定要争气。我并不比别人笨，别人能办的事，我经过努力，一定也能办到。”

童第周28岁时，得到亲友的资助，远渡重洋，到比利时的首都——布鲁塞尔留学。他的老师是一位当时在欧洲很有名气的生物学教授勃朗歇尔，他跟随他研究胚胎学。一起学习的还有别的国家的学生。旧中国贫穷落后，在世界上没有地位，外国学生瞧不起中国学生，和他一起住的一个外国学生甚至还公开说：“中国人太笨。”听到这些，童第周暗暗下了决心：一定要为中国人争气。

几年来，那位教授一直在做把青蛙卵的外膜剥掉的实验。这是一项难度很大的手术——青蛙卵只有小米粒大小，外面紧紧地包着三层像蛋白一样的软膜，因为卵小膜薄，手术只能在显微镜下进行。做这样的手术不仅需要熟练的技术，还需要耐心和细心。同学们都不敢尝试，那位教授自己做了几年也没有成功。童第周不声不响地刻苦钻研，反复实践，终于成功了。

勃朗歇尔教授知道后，特地安排了一次观察实验，让所有的学生都前来观看。实验开始了，童第周不慌不忙地走到显微镜前，熟练地操作着——在显微镜下，他先用一根钢针在卵上刺了一个小洞，于是胀得圆滚滚的青蛙卵马上就松弛下来，变成扁圆形的，接着他再用钢镊往两边轻轻一挑，青蛙卵的卵膜就从卵上顺利地脱落下来了。当他把实验做完的时候，他的同学们都跑上去祝贺他，因为从来没有人能够成功。勃朗歇尔教授更是激动万分，他兴奋地说：“童第周真行！中国人真行！”这件事震动了欧洲的生物学界，也为中国人争了气。

四年之后，童第周获得了博士学位，在荣获学位的大会上，童第周激动地说：“我是中国人，有人说中国人笨，我获得了贵国的博士学位，至少可以说明中国人绝不比别人笨。”

1937年抗日战争爆发，童第周谢绝了专家和同学们的挽留，毅然回到了正处于水深火热当中的祖国。回国后，童第周到了四川宜宾一个村镇教书。虽然教学工作紧张而又繁忙，但是，童第周始终不忘自己是搞研究的，一直想办法做研究。可是，当时条件实在是太艰苦了，学校没有什么科学仪器，就连实验室里常见的、非常普通的显微镜也没有。因为没有显微镜，所以他就没有办法继续开展胚胎学的研究工作。后来，一次意外的发现给他带来了希望：他和妻子在镇上的一个旧货摊上看到了一架旧的显微镜。这个显微镜虽然是二手的，但是由于当时它还是一个比较稀有的东西，因此摊主要价不低，再加上他当时的收入也不高，于是那个价格对他们来说更是如天价一般。但是为了研究，他还是决定要把它买下来的，夫妻俩掏尽了口袋还凑不足一半，又向别人借了一些还不够，最后只好把他们的衣服拿去典当，好不容易才买回这架旧显微镜。

有了显微镜，但没有所需要的灯光照明，还是不能进行操作。他们只好把显微镜搬到室外。冬天利用雪地微弱的反光，他忘记了寒冷，在聚精会神地工作着；夏天烈日当头，但即使汗水滴在视镜上模糊了视线，或是风把一粒小沙子吹进了载物器，甚至占据了整个视野……童第周仍然坚持攻关。一般说来，每一个试验数据都要重复一两次，而他往往要重复五六次。就在这简陋的显微镜下，在这低矮的小土屋里，童第周却撰写了一篇篇具有学术价值的论文，震惊了国内外生物界的学者。

1973年，在周总理的关怀下，童第周和他的同事们开始研究细胞遗传学。经过一段时间的研究后，他在解剖显微镜下，用比绣花针还细的玻璃注射针，把从鲫鱼的卵细胞中取出来的遗传因子，注射到金鱼的受精卵中。实验成功后，那些带有鲫鱼遗传因子的金鱼受精卵孵化出的金鱼中，有一条鱼披着金鱼金色的鳞片，却长有一条鲫鱼那样的单尾巴，这说明鲫鱼的遗传基因，已经在金鱼卵中发生了作用。因为这种鱼是童第周创造出来的，因此，人们叫它“童鱼”。童第周的实验成果，给生物学作出了巨大贡献。

身残志坚张海迪

张海迪，1955 年 9 月生于山东济南，我国著名的身残志坚的作家，20 世纪 90 年代她被誉为“八十年代新雷锋”“当代保尔”。

张海迪 5 岁时因患脊髓病，胸以下全部瘫痪。在残酷的命运挑战面前，张海迪没有沮丧和沉沦，她以顽强的毅力和恒心与疾病作斗争，经受了严峻的考验，对人生充满了信心。虽然因为身体原因，她没有机会进入学校和普通人一样学习。但是她凭着个人的信念和毅力，顽强地自学知识，她先后自学完了小学、中学的全部课程，后来她还自学完大学的专业课程，她还自学了英语、德语和其他国家的语言。

15 岁的时候，张海迪随父母下放到聊城莘县的一个贫穷的小山村。山村的生活环境虽然比较艰难，可是她一点也没有畏惧，而是以乐观向上的精神奉献自己的青春。她在那儿教村子里的孩子们读书，并且克服种种困难学习医学知识，热心地为乡亲们针灸治病，在莘县期间，她无偿地为人们治病一万多人次，受到人们的热情赞誉。

1983 年 3 月 7 日，共青团中央在北京举行命名表彰大会，授予被誉为“八十年代新雷锋”的张海迪同志“优秀共青团员”称号。同年 5 月，中共中央发出《向张海迪同志学习的决定》，党和国家领导人邓小平、叶剑英、李先念等八位老一辈无产阶级革命家先后为张海迪题词，表彰她积极进取，无私奉献的精神。张海迪也是从那一年开始从事文学创作之路的。她先后写了《向天空敞开的窗口》《生命的追问》《轮椅上的梦》等一百多万字的作品，同时她还翻译了《海边诊所》《小米勒旅行记》和《丽贝卡在新学校》等外国著作。为了写作，张海迪得了大面积的褥疮，骨头都露出来了，但她还是拿着手中的笔，没有停下来。

1991 年，张海迪曾因为得了鼻癌要做手术，手术是痛苦的，因为当时她的鼻癌手术是在没有麻醉的情况进行的，其结果可想而知。她说她可以清晰地感觉到手术刀把她的鼻腔打开，针从自己皮肤穿过。在得知自己得了癌症时，她甚至很高兴，因为她觉得自己终于可以解脱了。不过她还是选择活了下来。手术后，她继续以不屈的精神与命运抗争，开始学习哲学专业研究生课程。两年之后，她通过考试和论文答辩，获吉林大学哲学硕士学位。

后来张海迪在接受访问时，提到1991年的手术时，她曾经说过："作为一个女性，我觉得，我承受了男性都难以承受的那种痛苦。这种痛苦不仅仅是皮肉的，最重要的是精神的。当时做完手术以后我的手也很凉，也有些颤抖，但是我没有叫一声。我出来的时候，我爱人正在外面等着我，我一摸他的手，比我还凉。后来我就跟他讲，我说我有一种感觉，如果我要是在白色恐怖时期被敌人抓了去，我什么也不会说，我说你会说吗，他说我也不说。我说不，你会说。那个时候不能笑了，因为脸上太疼了，但是我自己知道我能够忍受世界上最难以忍耐的痛苦。"当主持人问她有没有因为病痛而哭泣过的时候，她说没有，她说自己从不因为病痛的疼痛而掉眼泪，如果她流泪一定是因为离别。当被问到她四十几年和病痛作斗争是什么感觉时，她说自己也曾被自己感动过，觉得自己能够坚持四十几年实在不容易。当主持人问她为什么没有放弃时，她说："没有放弃时，每天都想放弃，但是每天又把它拾起来。我觉得有把生命的火焰，就是已经将要熄灭的火焰，小心翼翼地，就像我前几天跟他们讲的，我说我自己每天都想放弃，又像一团小火焰一样把它拾起来。这个小火种我吹一吹，我又让它变成我心灵的篝火，越吹越大，越吹越大，让它继续燃烧。"

为了鼓励更多的人，勇敢地面对生活，面对困难，张海迪多年来还做了大量的社会工作，她以自己的演讲和歌声鼓舞着无数青少年奋发向上。她也经常去福利院，特教学校，残疾人家庭，看望孤寡老人和残疾儿童，给他们送去礼物和温暖。她为山村建过小学，帮助过贫困家庭的孩子和残疾儿童读书治病，为灾区和孩子们捐过款……她一直热衷于参加残疾人事业的各项工作和活动，她常常呼吁全社会都来支持残疾人事业，关心帮助残疾人，激励他们自强自立。她曾三次应邀出访过日本、韩国，举办演讲音乐会，以其自身经历鼓励着不同民族的人民。她还曾作为中国政府代表团成员参加了第四次世界妇女大会。

张海迪一路走来，带给我们的感动非常多，她的信念就是"活着就要做个对社会有益的人”，而邓小平给她的亲笔题词是：“学习张海迪，做有理想、有道德、有文化、守纪律的共产主义新人!”在张海迪身上我们学到了，只要有一颗坚强的心，只要有坚强的意志，任何困难险阻都难不倒我们。

小英雄戴碧蓉

1968 年 9 月的一天下午，湖南省株洲市第三铁路小学的学生戴碧蓉，肩挎书包，沿着铁路边的小路，兴冲冲地走着。这时候，她听见了“轰隆隆”的火车由远及近的声音，就不由得停住了脚步，循声看去，只见卧在轨道上的几节车厢，脱离了机车的控制，向她这边滑过来。戴碧蓉立即就想到赶快跑，可是就在这时，她看到，车厢正向三个在铁路中间玩要的孩子们滑去。戴碧蓉认识他们，他们都是邻居家的孩子。眼看几个孩子就要被火车碾死，想到这里，戴碧蓉猛地一震。她顾不得那么多，奋力向前奔去，她一边奔跑，一边拼命地喊叫，让孩子们赶快跑开。

可是三个孩子被快要滑到身边的车厢吓呆了，傻乎乎地站在那儿动也不动。戴碧蓉没有办法，立刻冲上了轨道，将孩子们救了出去。而她自己却失去了左手和左腿。经过医护人员的精心治疗和护理，戴碧蓉出院了。她虽然失去了左手和左腿，但她没有失去对生活的信心和憧憬。

1969 年 10 月，戴碧蓉来到了日夜思念的北京，参加建国 20 周年的活动，周总理亲切地接见了她，鼓励她要做生活的强者，叮嘱她好好学习。因为有了周总理的鼓励，戴碧蓉就更加坚强和勇敢了，她暗暗下定决心，一定不能辜负周总理的期望。

从北京回家后，她开始更加认真地学习如何独立。她首先攻克了写字这一关，没有另一只手的帮助，想要用一只手来写字是很困难的。刚开始的时候，那些纸就像和她闹别扭似的，只要她一写，纸就乱动，怎么也写不好。后来，经过刻苦地锻炼，用一只手既能压住纸，也能写了。

上中学后，数学作业内容很复杂，特别是几何作业还需要画各种图形，用一只手画怎么也不行。她使用圆规时，纸便随着圆规一块儿打转，总画不成一个完整的圆；用量角器时，量角器就移来移去，怎么也画不出精确的角度。每次做作业时，她都得费九牛二虎之力，才能勉强将作业交上去，不过总是不合要求。在困难面前，戴碧蓉并未退缩。为了能用好这些数学用具，她每天晚上练呀，练呀，终于把作业完成得和别人一样出色。

用手的问题是解决了，不过戴碧蓉又遇到了另一个问题了，就是上次的负伤给她留下了一个后遗症——她的记忆力明显地减退了。因此学习的时候，她就会觉得很吃力，常常是刚学会的东西，过几天就会忘了，好像从没有发生过一样。戴碧蓉因此十分焦急，特别是在学英语的时候，一定要记性好才行，那些单词全靠死记硬背才能学得好。不过，她还是没有放弃，后来她就找到方法了——多花时间。她将单词写在本子上，随身带着，一有空就念几个，记几个。她还经常向同学们请教，有什么不懂的就问，同学们见她如此爱学习，也都肯帮助她。渐渐地，她发现自己似乎不是那么容易遗忘了。

学习文化没有问题了，她又开始好好地锻炼身体。经过一段时间的锻炼以后，她不仅可以保持身体平衡了，而且还会打乒乓球了。同学们因此都很敬佩她。

自强不息的杨必芳

在福建南平的武夷山市有一个名叫杨必芳的残疾人士，他是拥有武夷山成品鸡批发市场90%占有率的饲养大户。

杨必芳在20世纪90年代的时候被毒蛇咬伤，经过抢救虽然命是保住了，可是却留下了肢体残疾的遗憾。遭受如此的打击后，他并没有因此而怨天尤人，也没有得过且过，碌碌无为。经过了一段时间的修养后，他办起了特种养殖场，专门饲养山鸡、菜蛇、牛蛙等，满足旅游区市场供应。

同时他还在自己的养殖区附近，办起了特色餐馆，由于他的餐馆用的原料都是自己养殖的，而且味道正宗，服务周到，故此吸引了不少的游客和附近的人慕名前来捧场。

2007 年，杨必芳又瞄准了武夷山这一旅游城市土鸡十分畅销的势头，在武夷山市残联支持下，在东溪水库、洋庄等地建成 5 个饲养基地。白天他将土鸡全部放养在野外的竹林、田地之间，让那些土鸡在户外运动，吃虫草；到了晚上他便将这些土鸡赶到鸡舍，用稻谷、米糠饲养。这样养出来的土鸡，肉质非常鲜嫩，汤味极佳，很受市民和游客喜爱。为了扩大自己的养殖面积，增加该土鸡的市场占有率，杨必芳把鸡蛋全部积攒起来，用火车运往河南郑州，利用河南雏鹰集团公司科技优势，进行孵化，然后将鸡苗运回武夷山。

杨必芳饲养的土鸡分类别，斤两不同，价格也各异，一般每公斤在 11 元至 46 元不等，每天宾馆、酒店打来电话，他就迅速送货上门，保证供应，绝不失信。由于生意太忙，他和妻子实在忙不过来，就雇了 10 多位残疾人来帮忙。有些残疾人士原本只能载客谋生，如今却告别了违法载客的生活，在杨必芳的手下开始拉鸡送货。

2008 年 7 月，武夷山遭到台风袭击，杨必芳的养鸡基地受到台风的严重影响，他的 2000 多只土鸡被埋在泥石流下，损失 6 万多元，他简直欲哭无泪。然而这一次和他致残那一次一样，他还是没有在困难面前低头，怨天尤人，而是想办法解决遇到的困难。在大家的鼓励下，他借来了高息贷款周转，重新振作了起来，经过两三个月的努力，他的养鸡基地基本恢复到台风到来之前的样子，贷款也及时地还了。

之前，杨必芳采取公司加农户形式，与农户签订合同，他将鸡苗、饲料无偿提供给农户，确定保底价全部收购，再将成品鸡批发给市区、度假区零售户，批发价高出收购价部分，他与农户对半分成，实行风险共担，利益共享原则，受到广大养鸡户普遍欢迎。如今，他正在努力吸收农户入股他的养鸡场，同时着手对土鸡的数量、品种、特色上下工夫，准备更好地适应市场需要，带领更多的人，特别是残疾朋友走上致富之路。